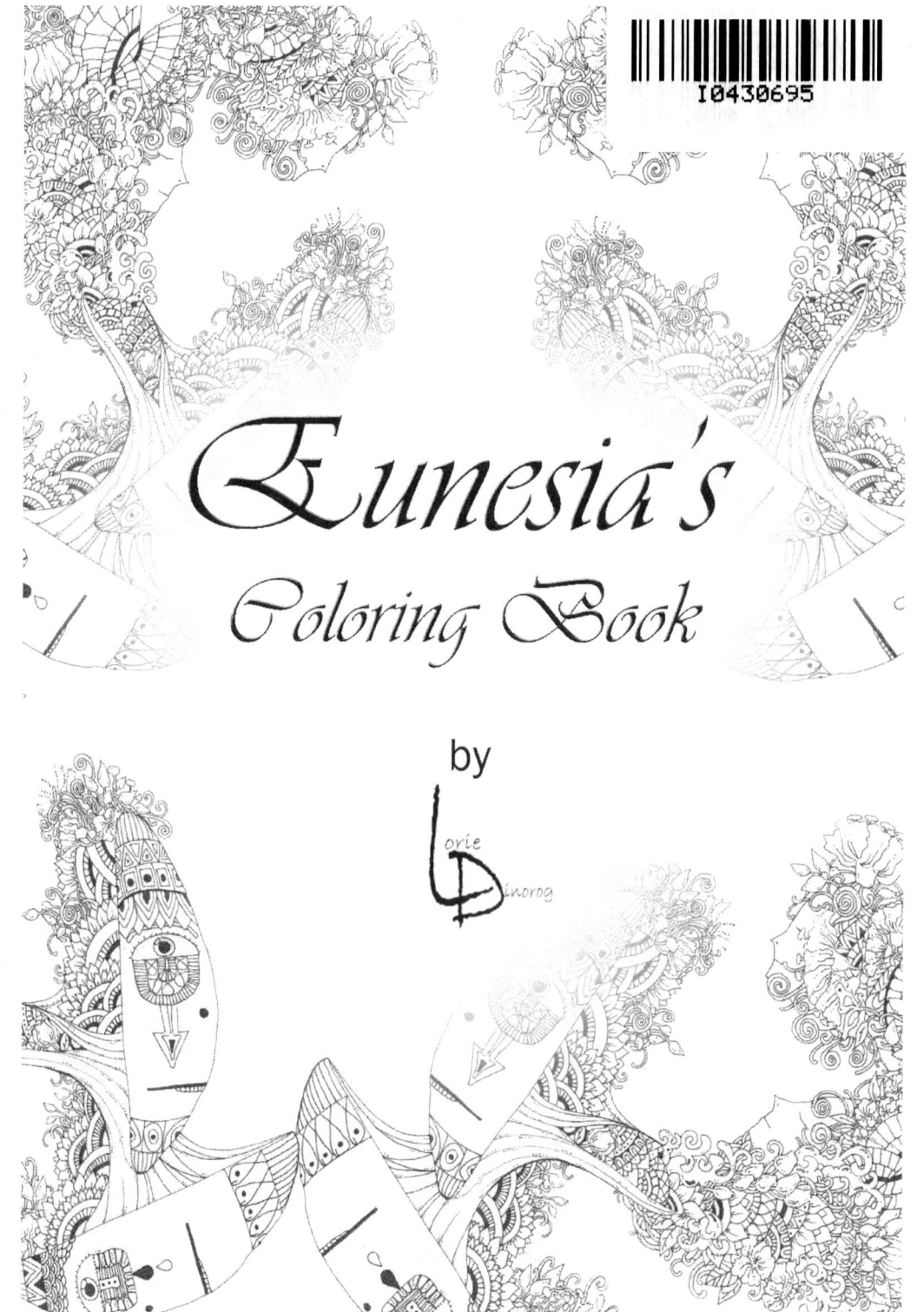

Copyright © 2017 Lorie Dinorog

All rights reserved.

ISBN-13: **978-1974630059**
ISBN-10: **1974630056**

Instagram.com/Loriedinorog

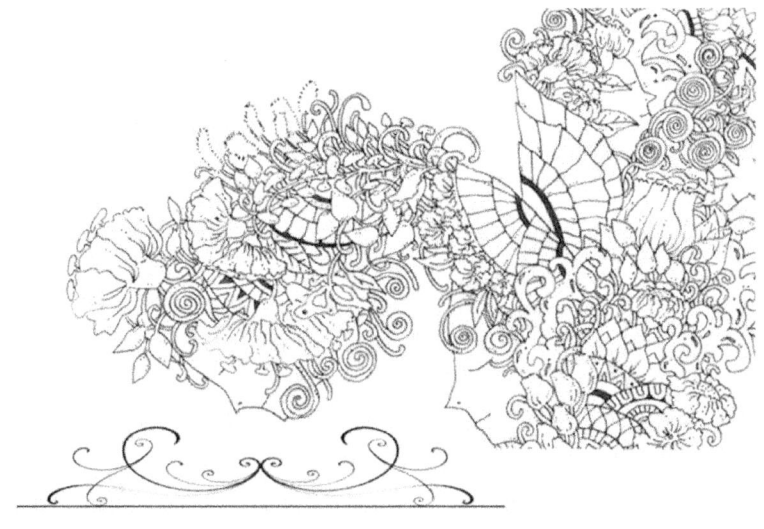

## This Book Belongs To

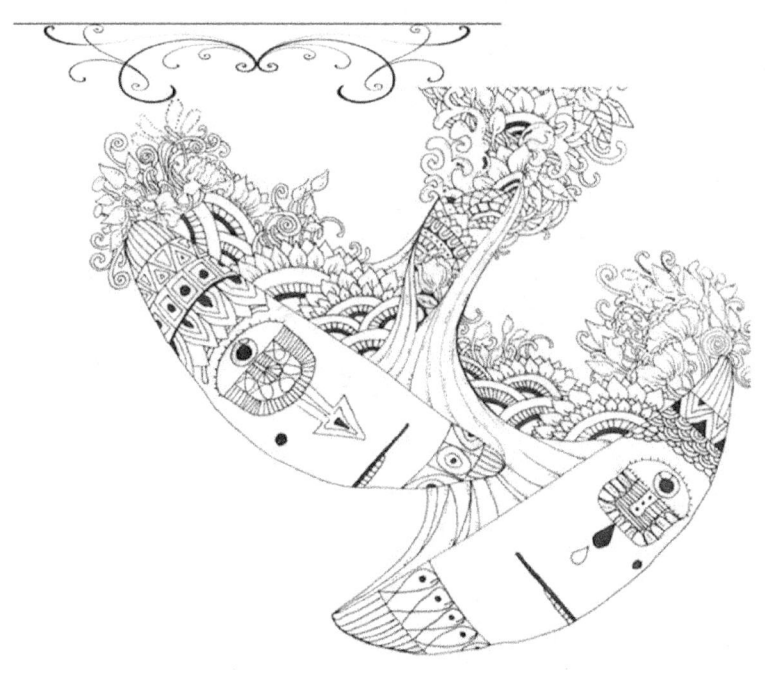

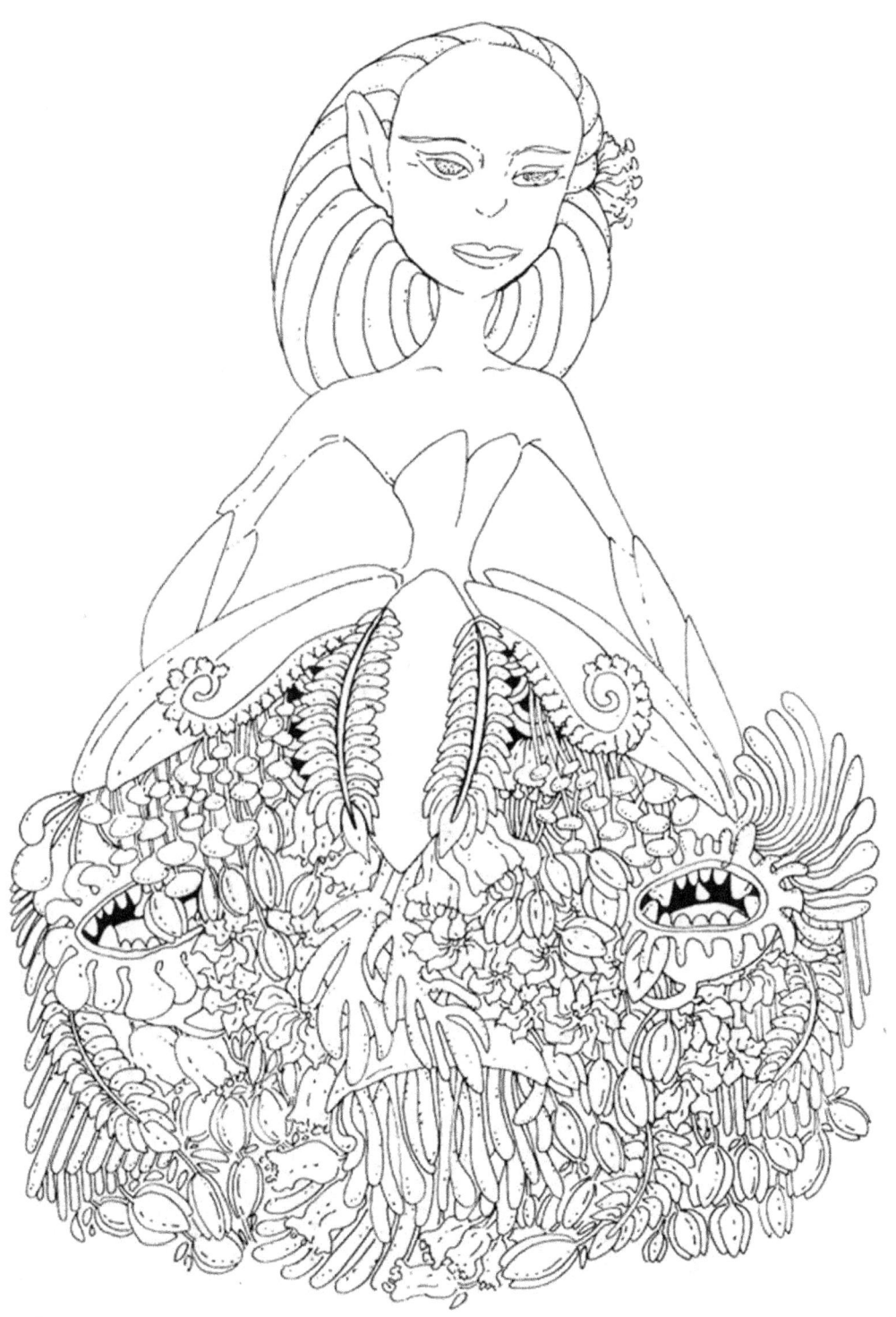

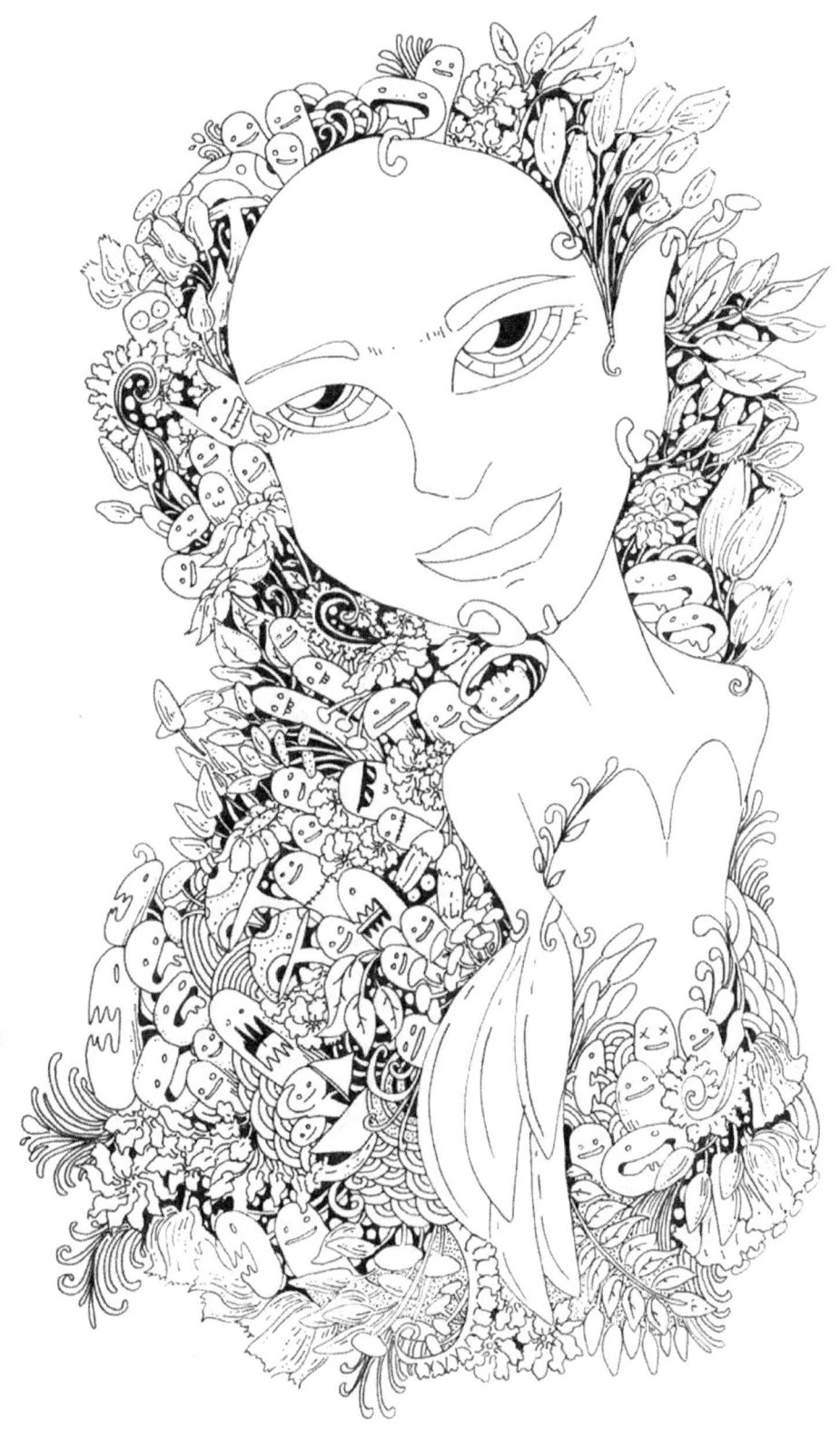

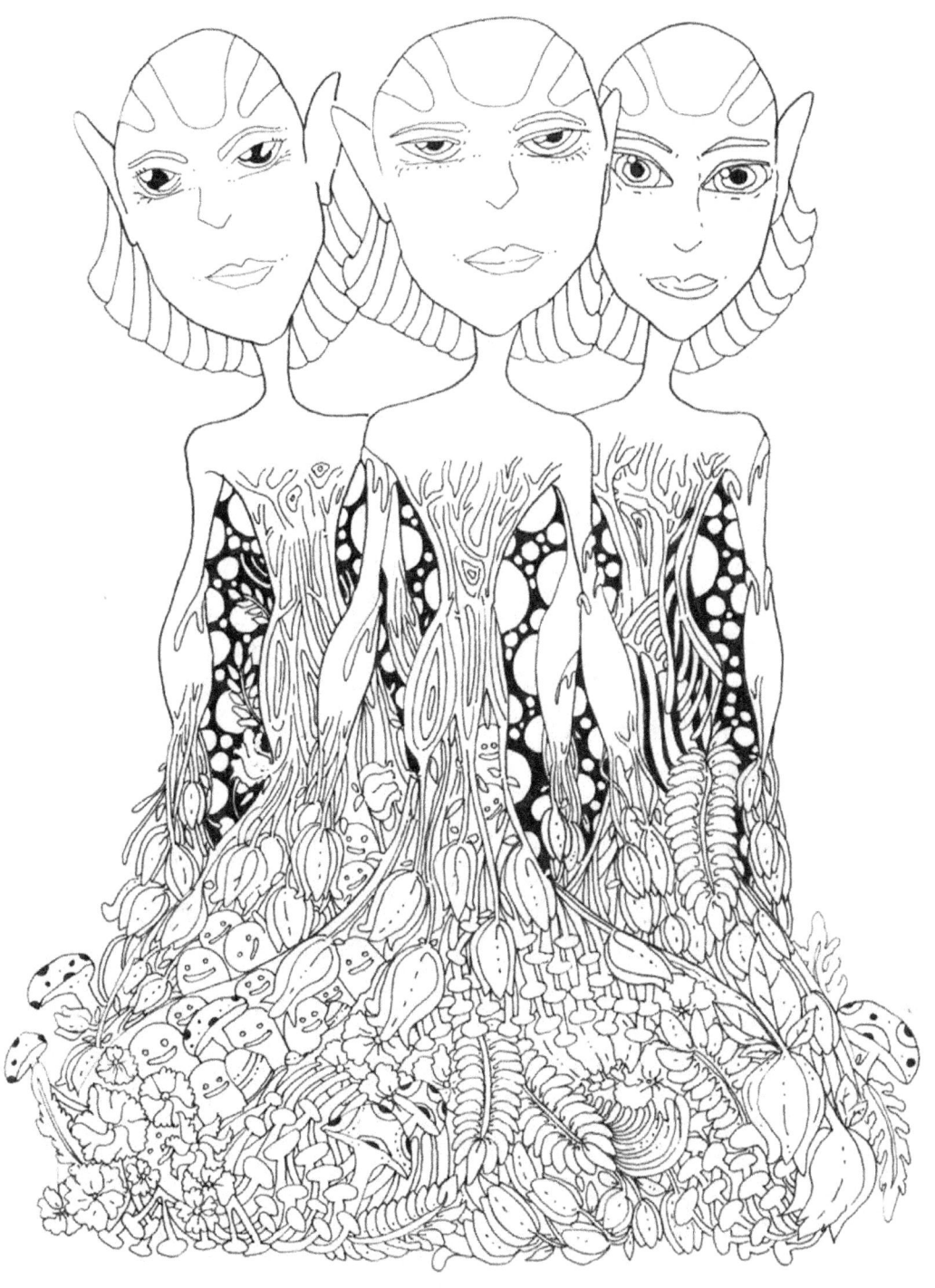

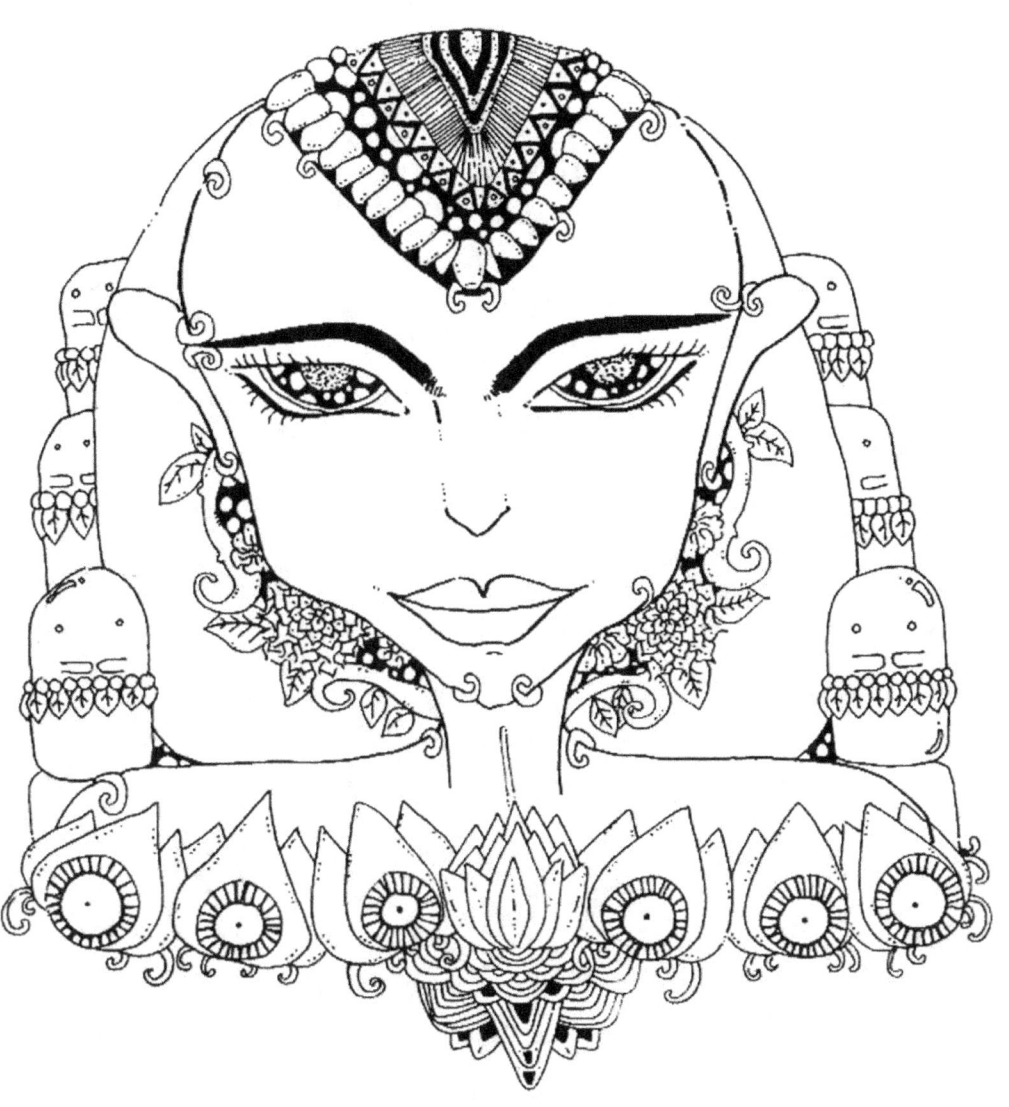

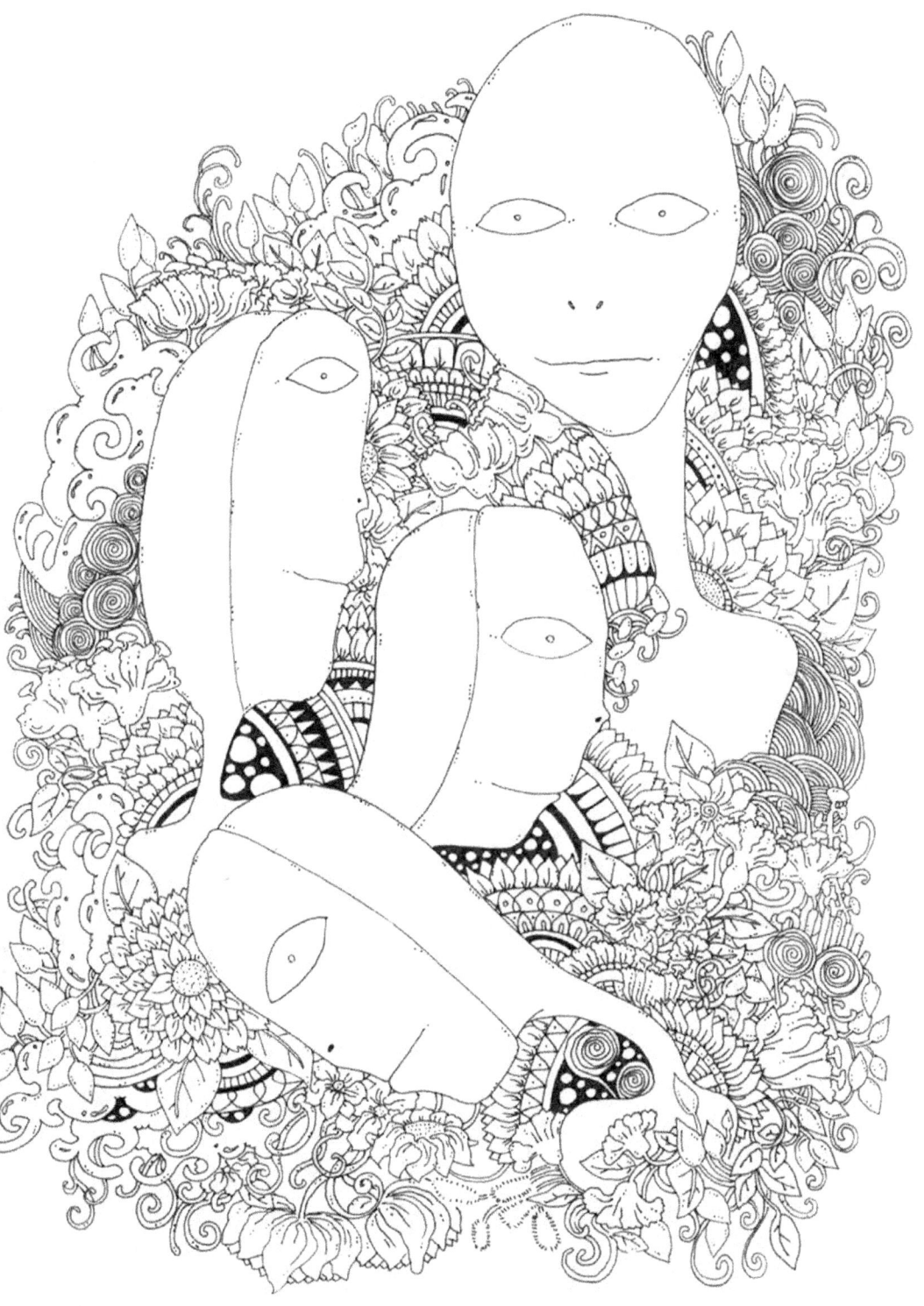

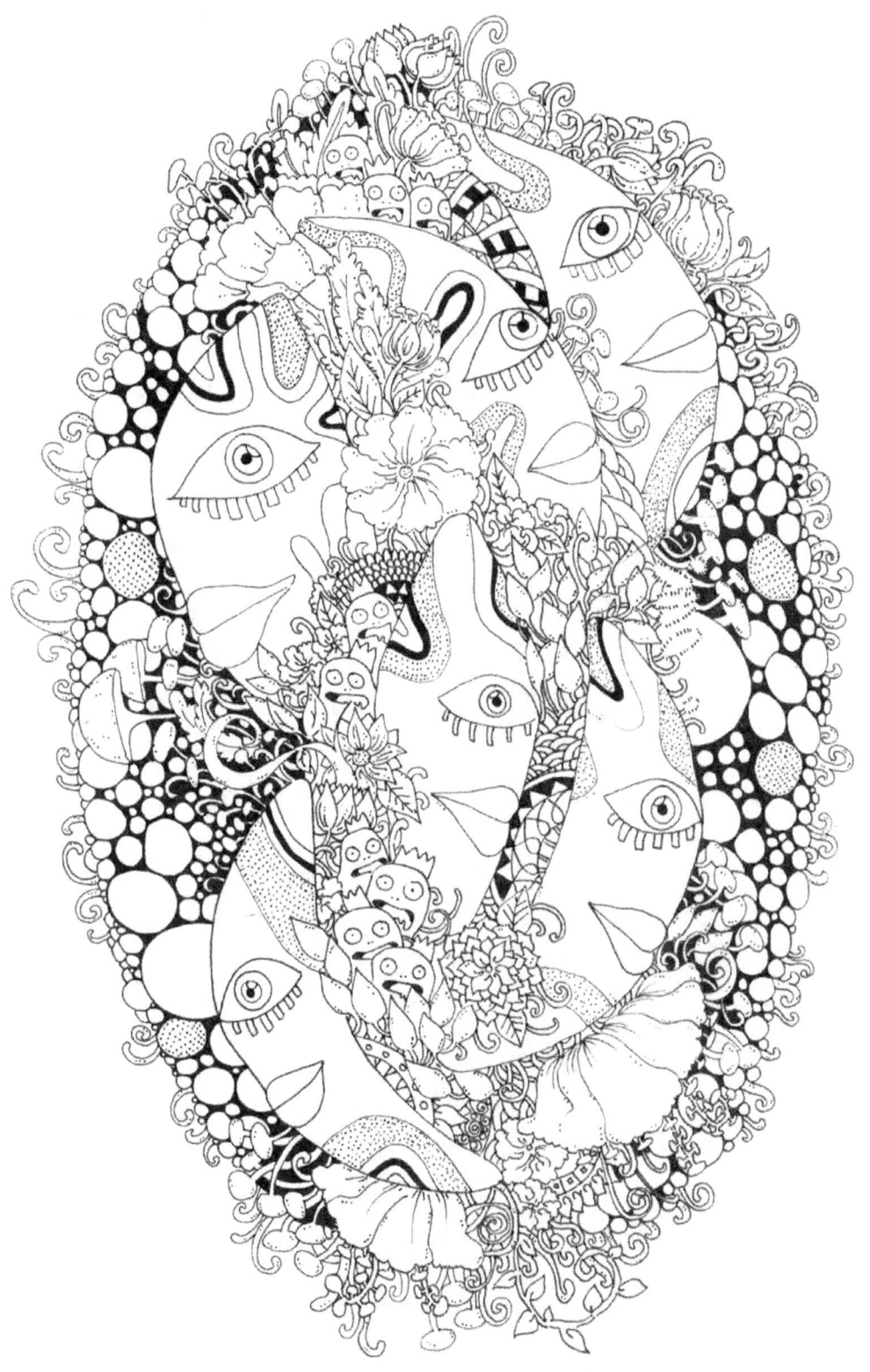

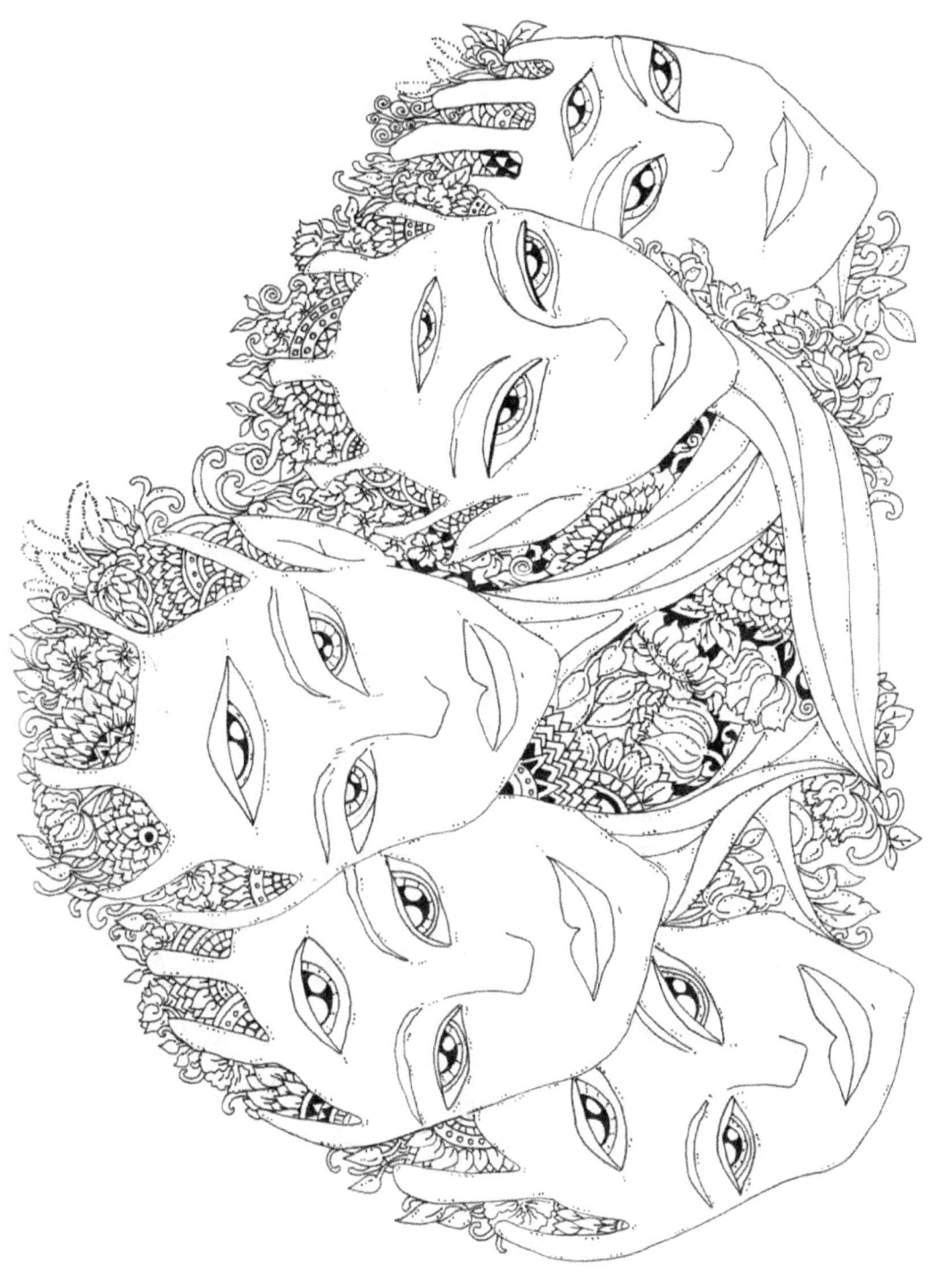

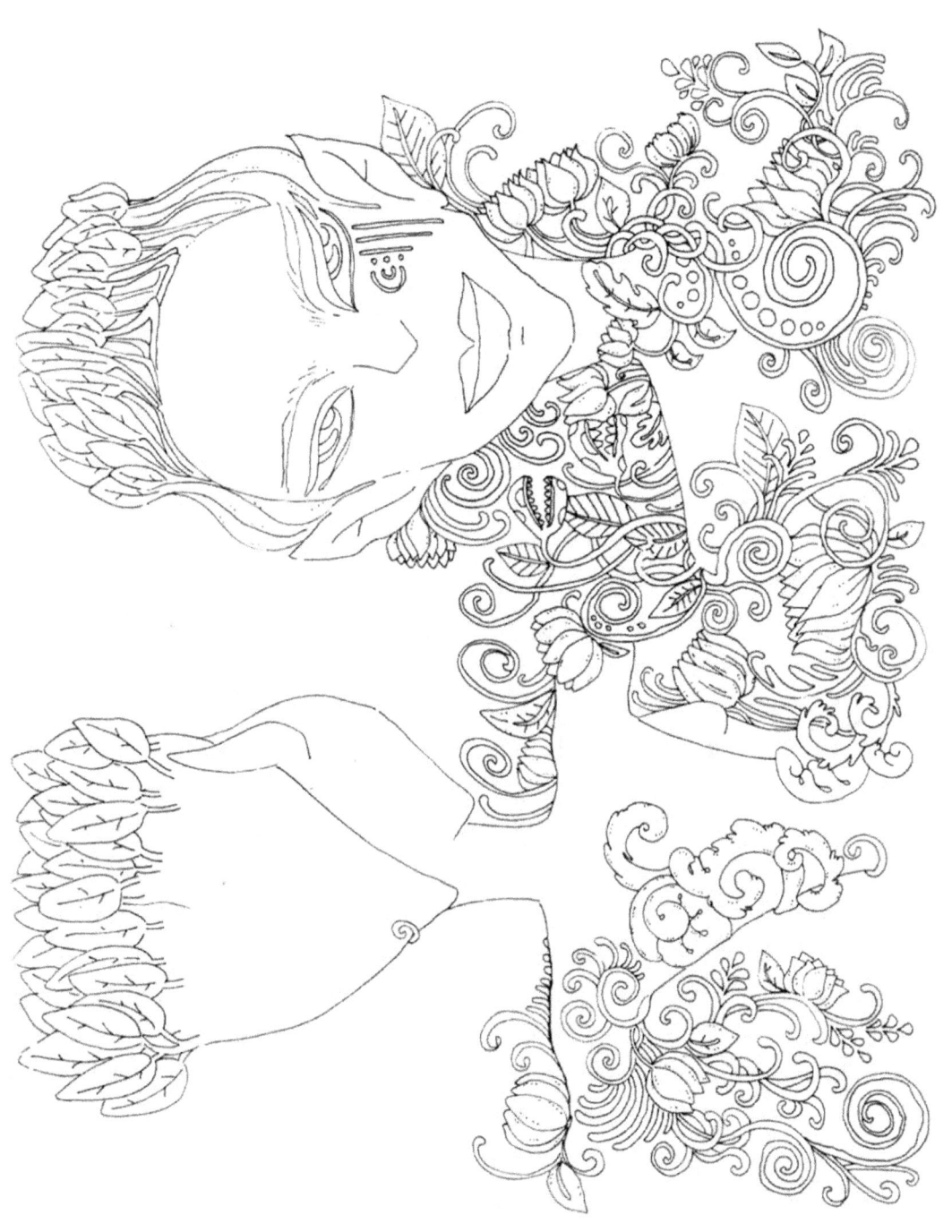

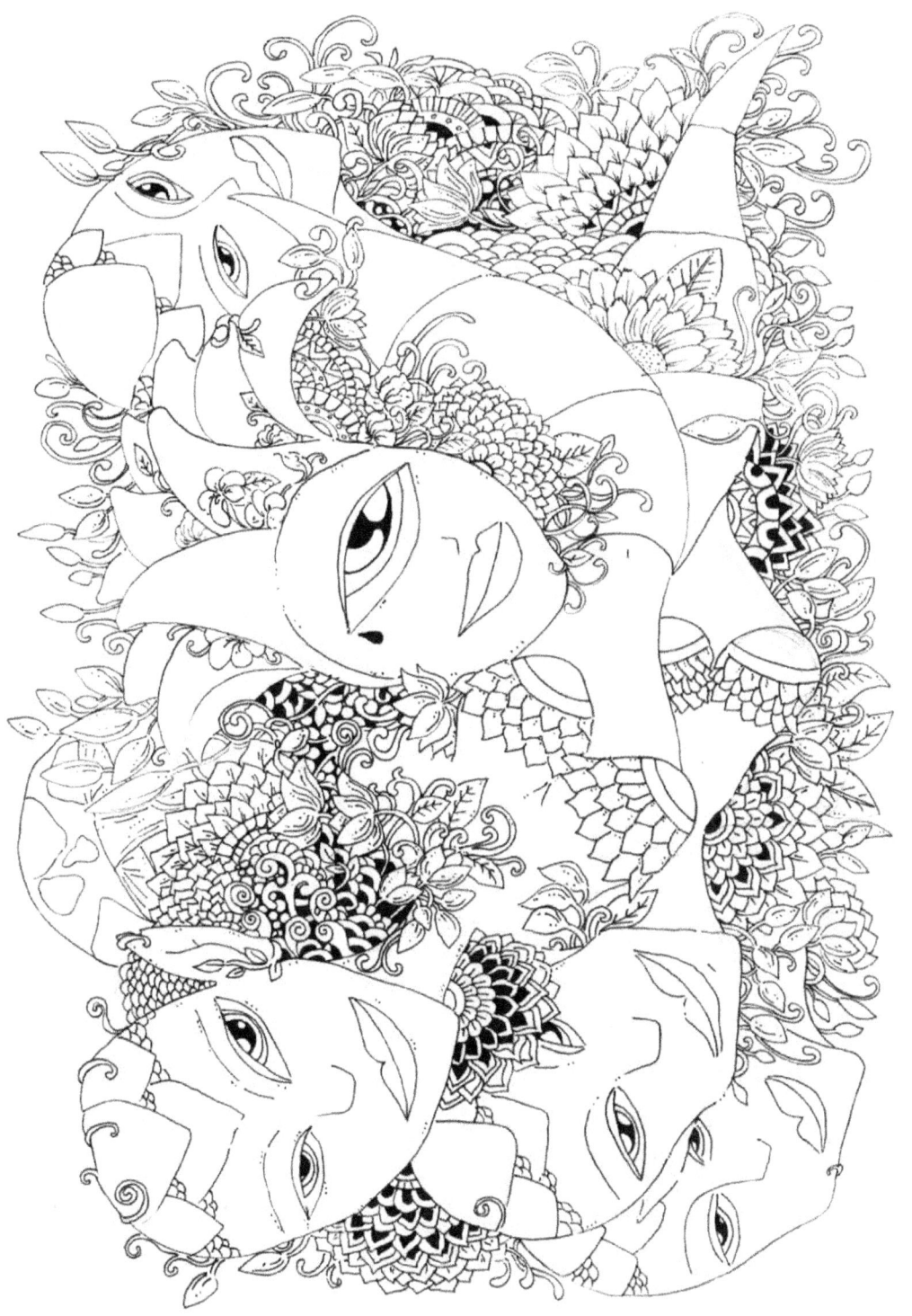

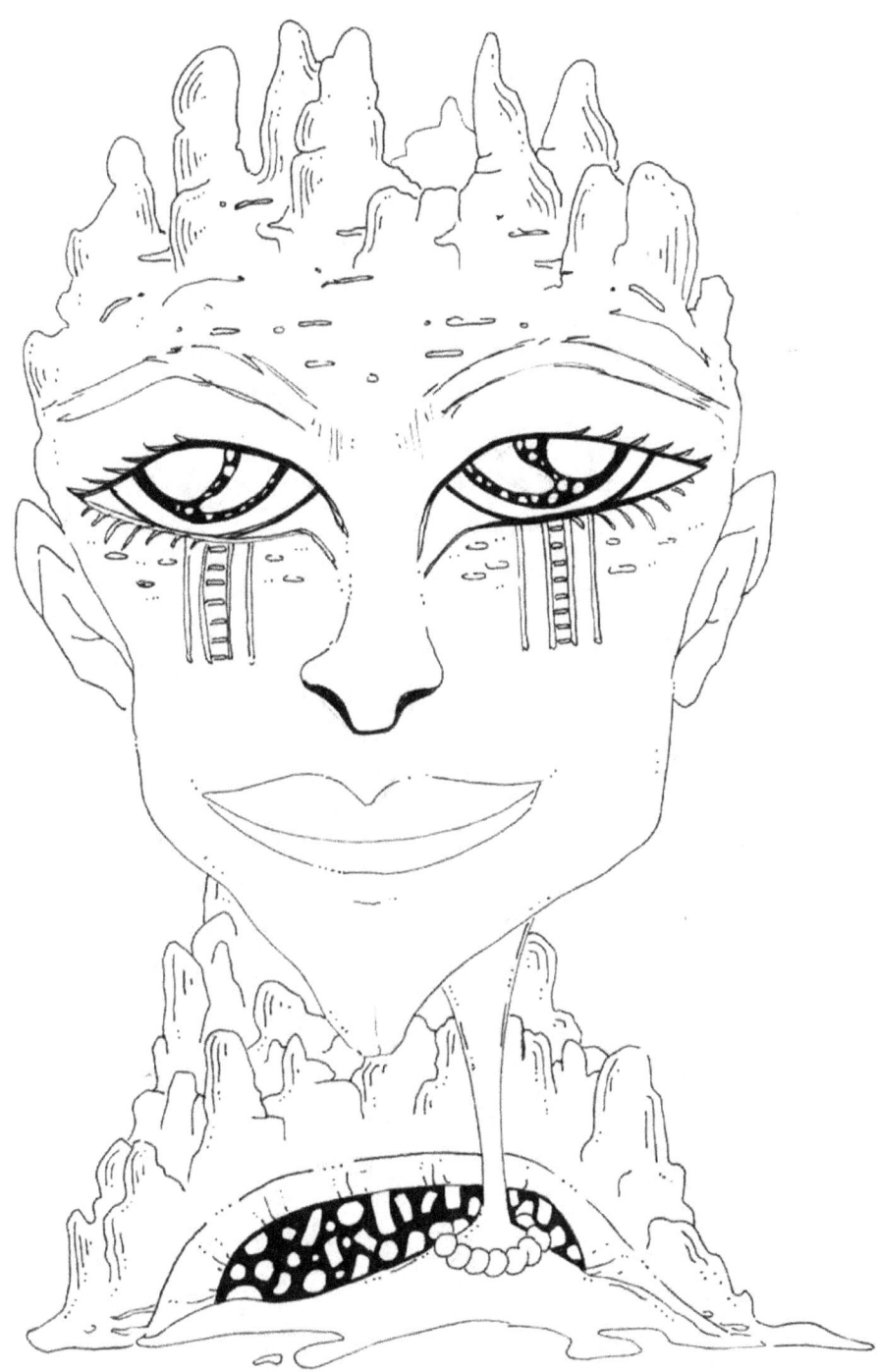

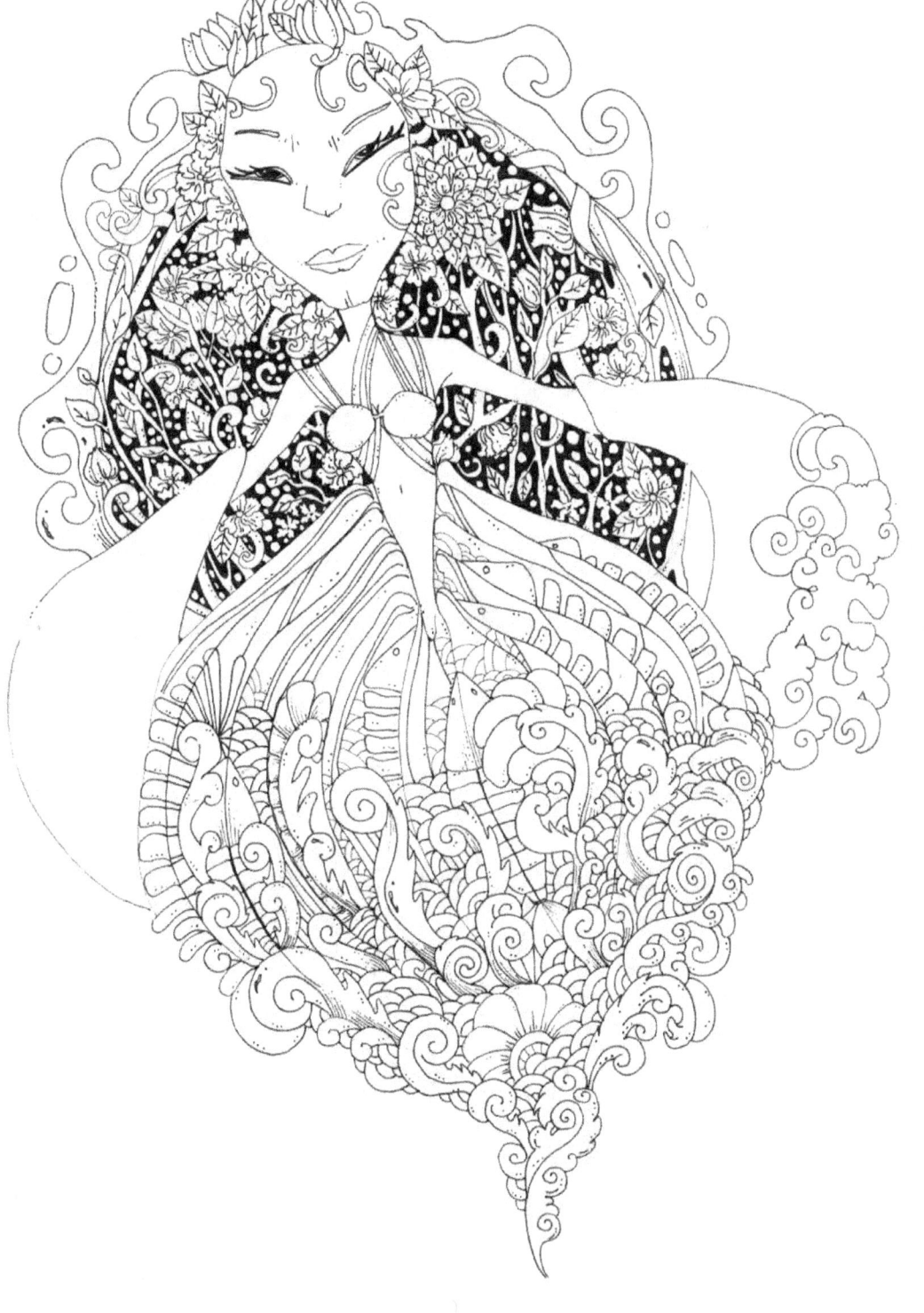

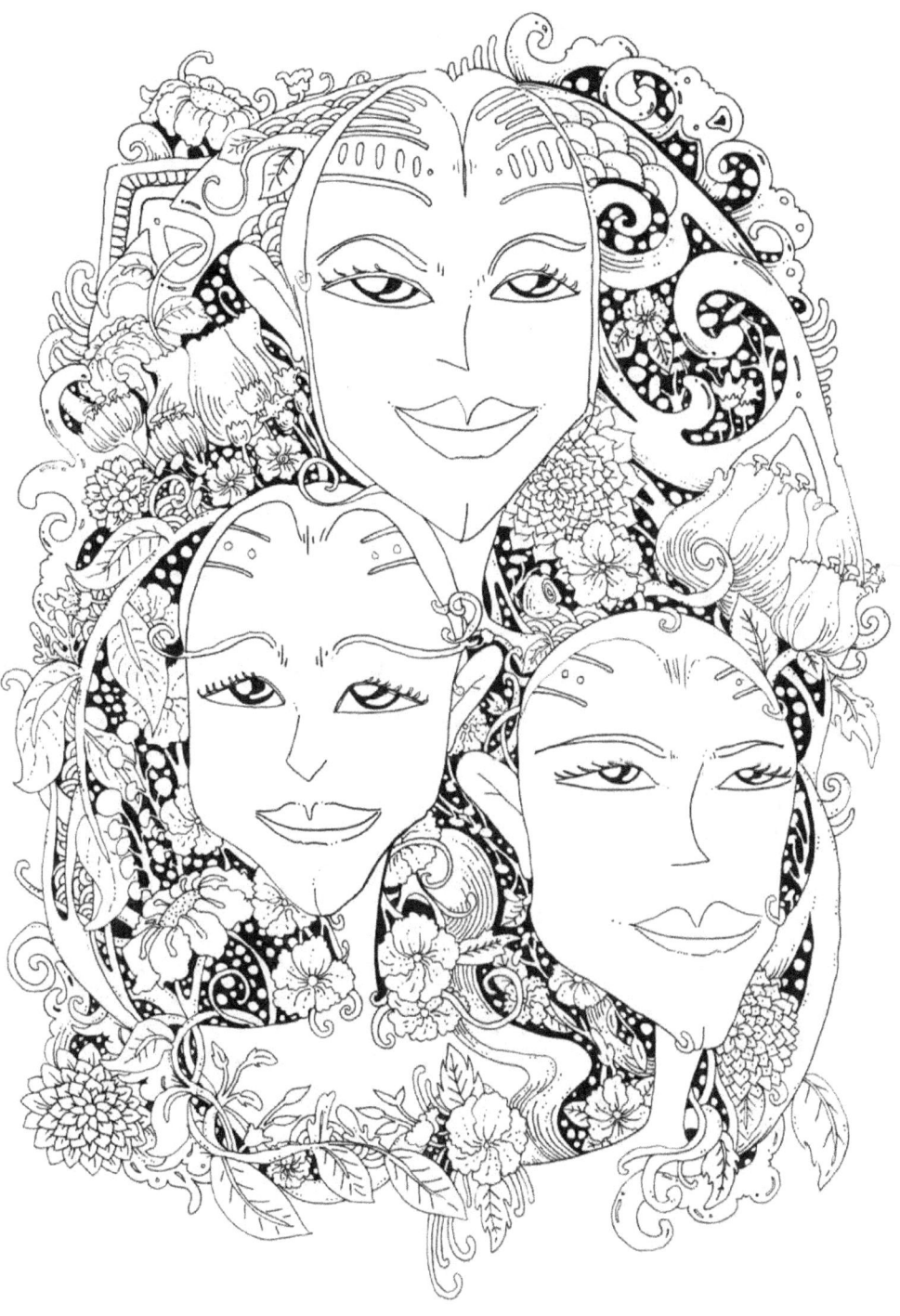

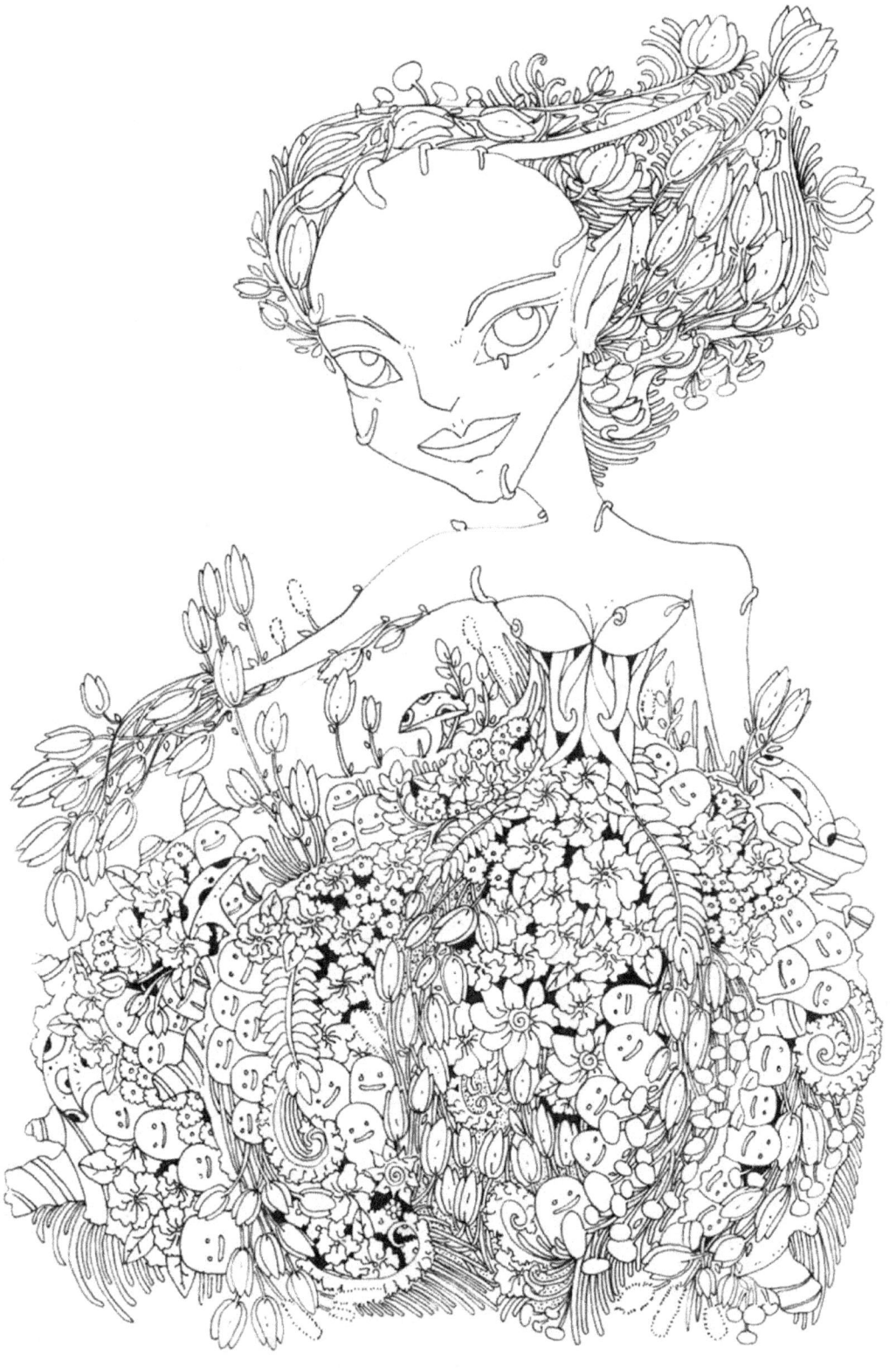

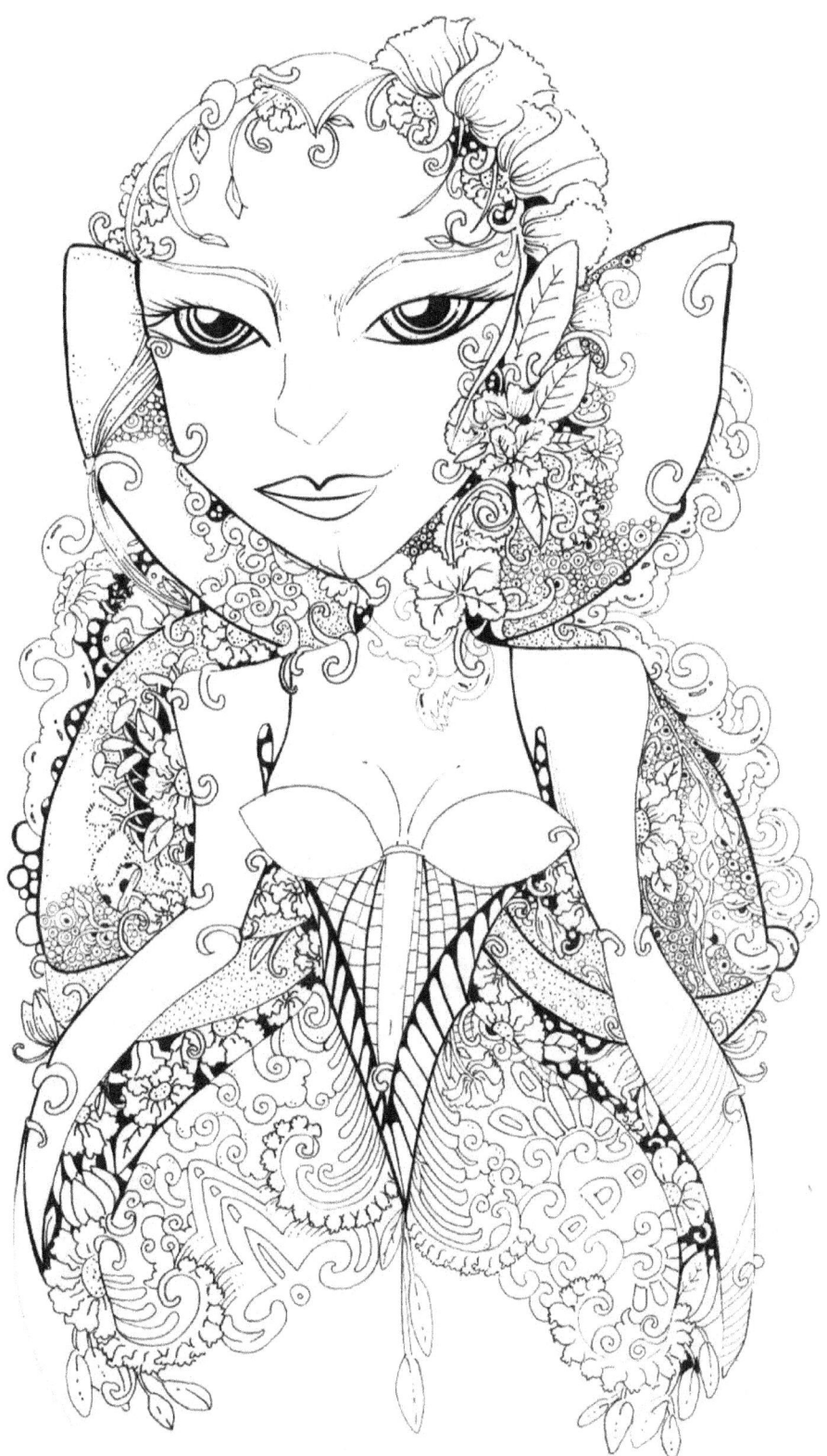

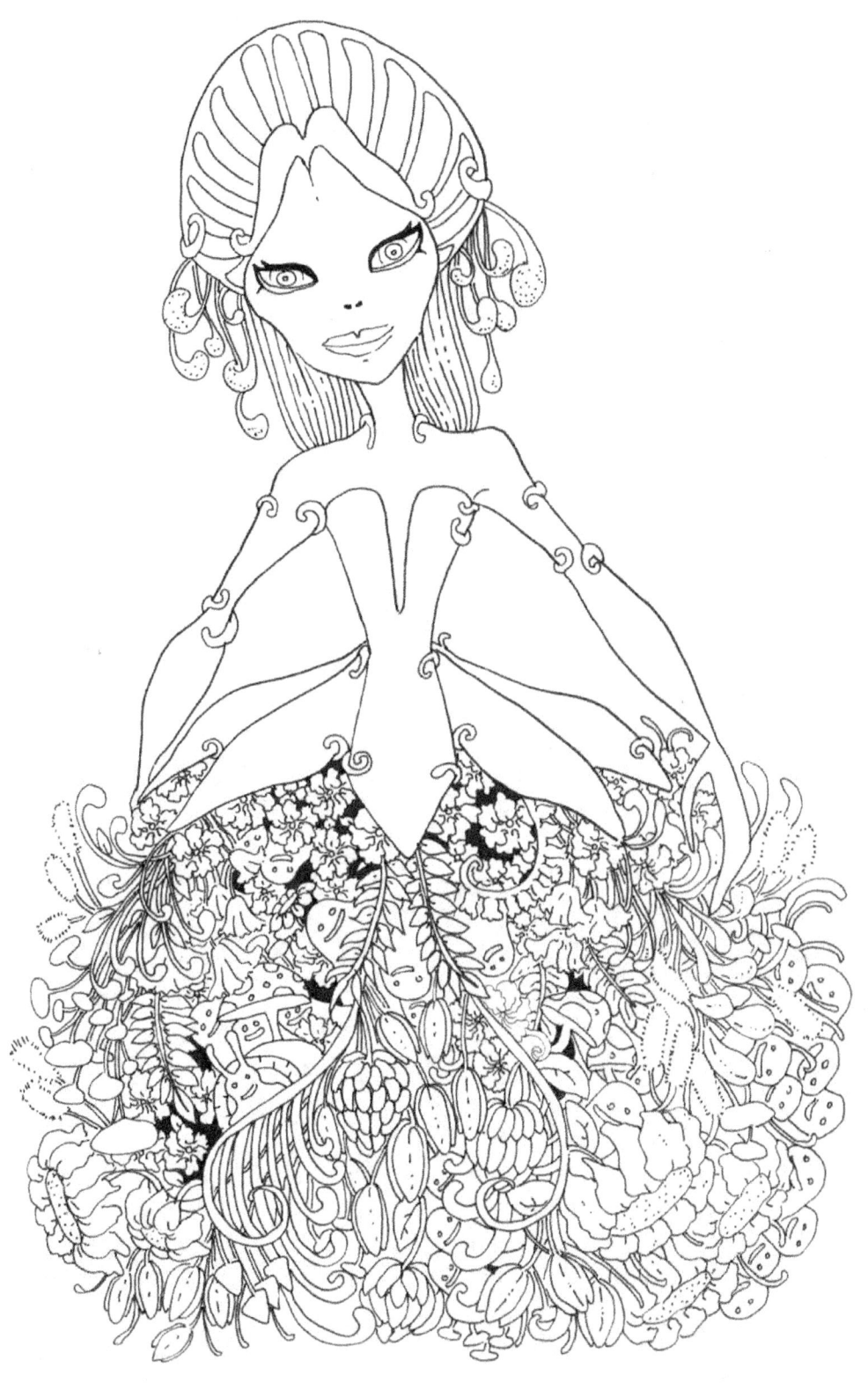

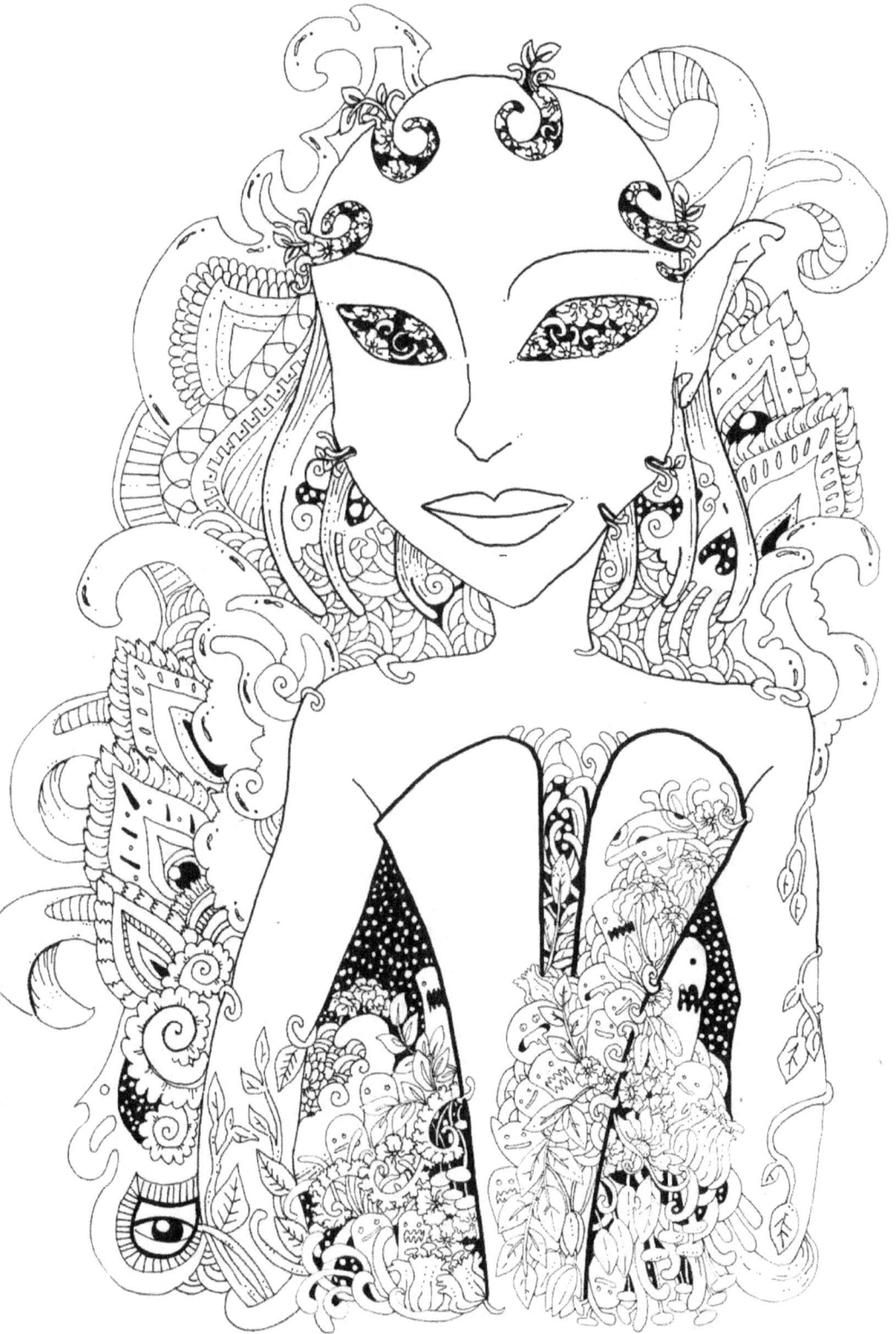

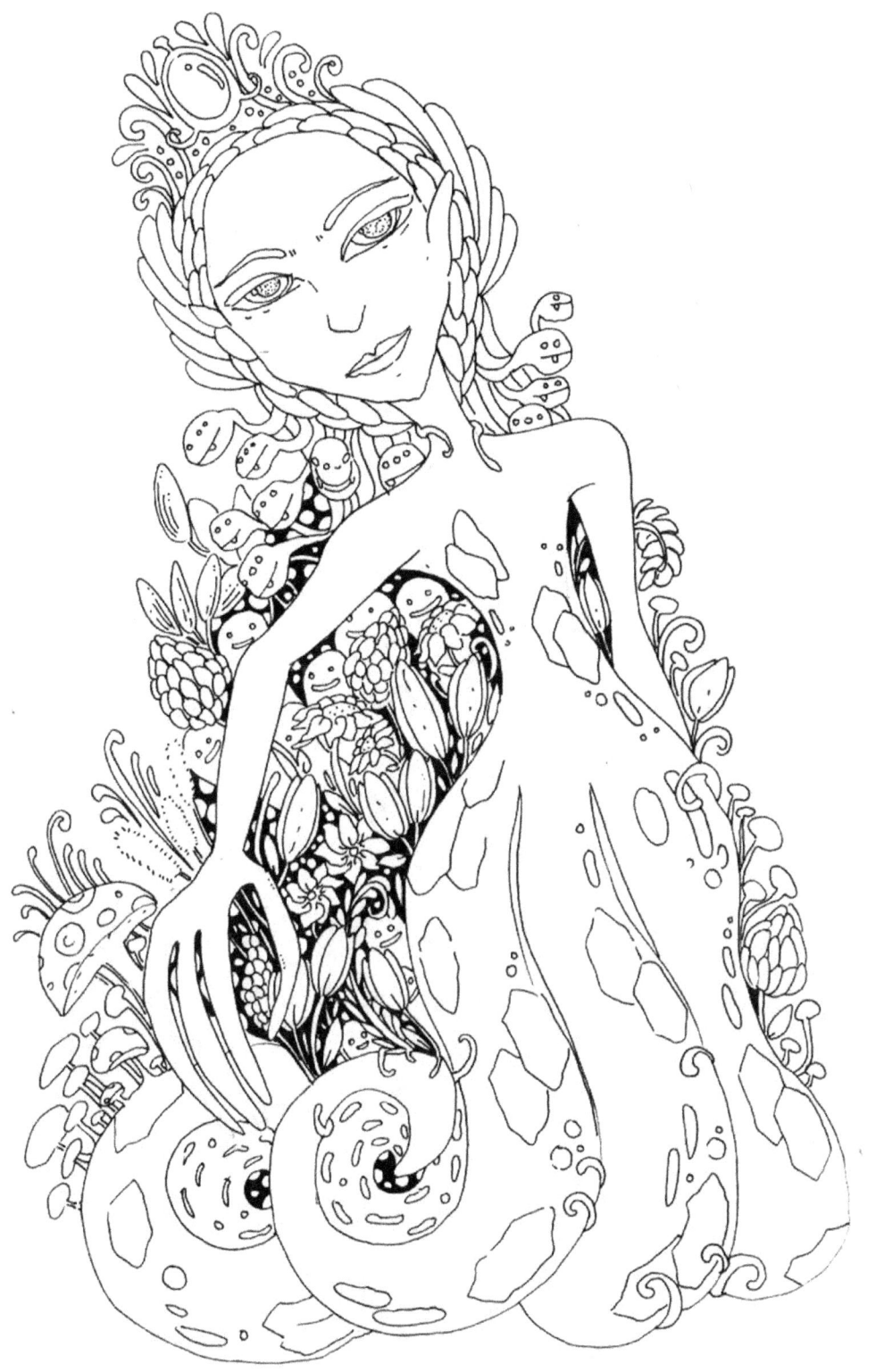

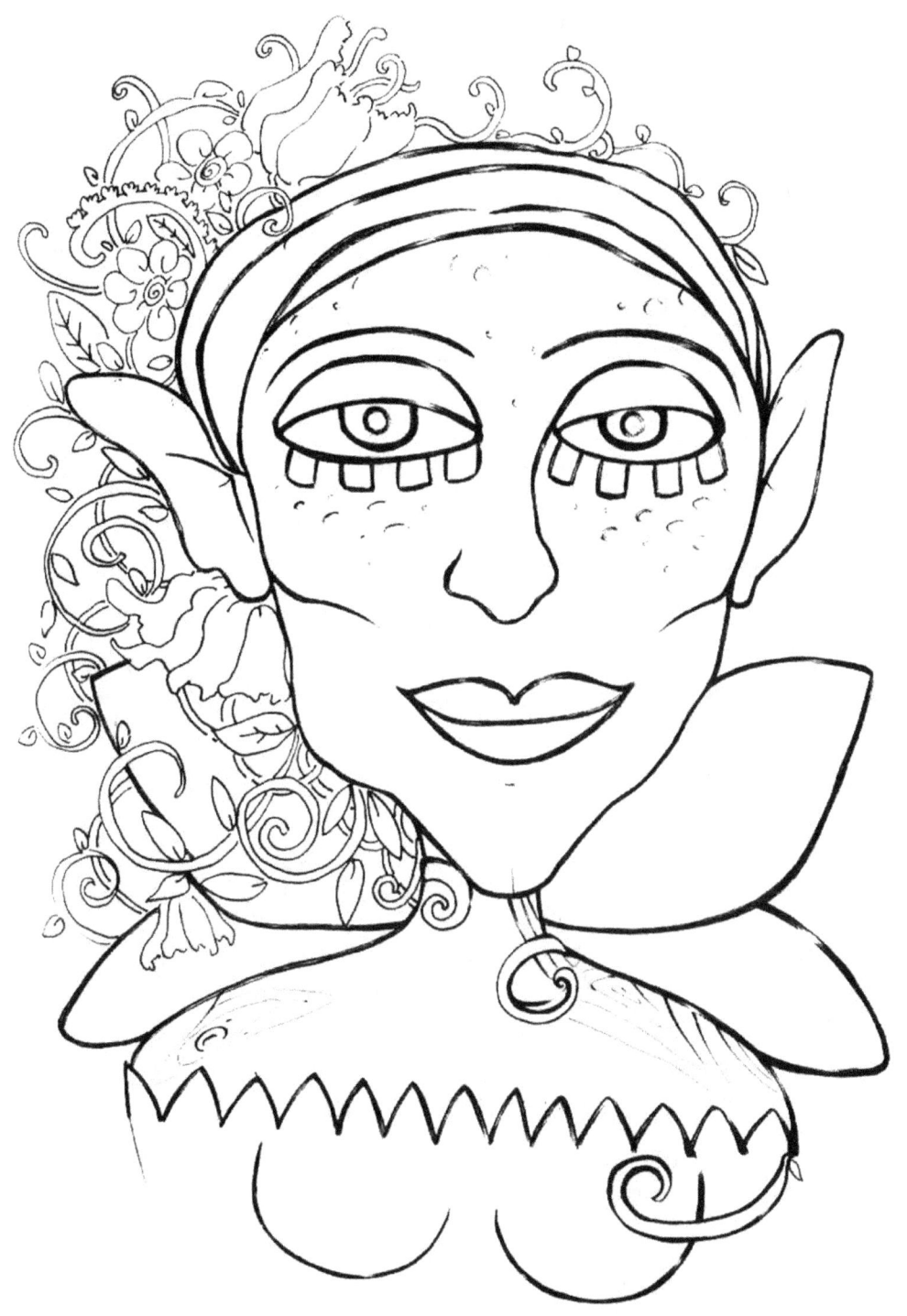

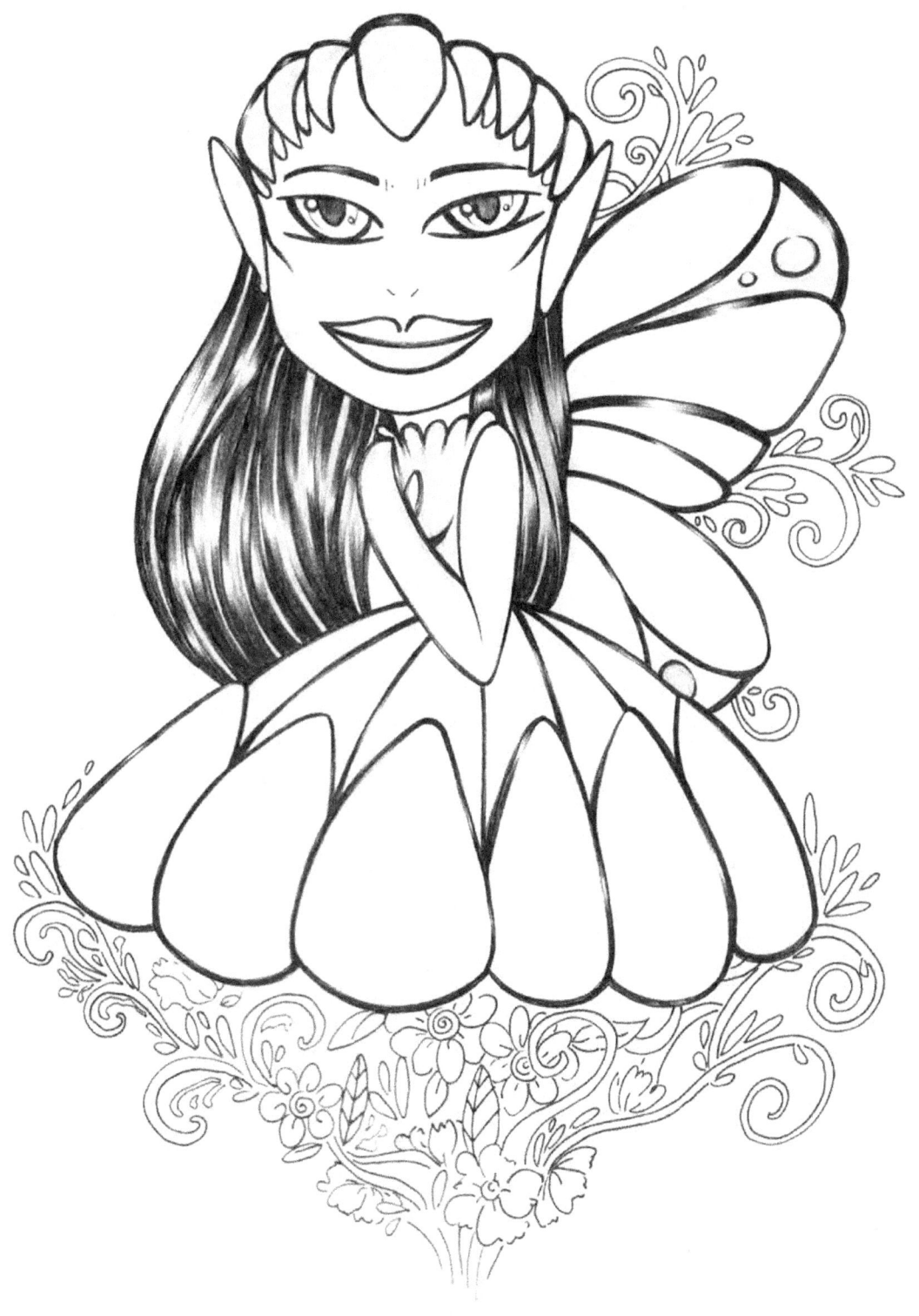

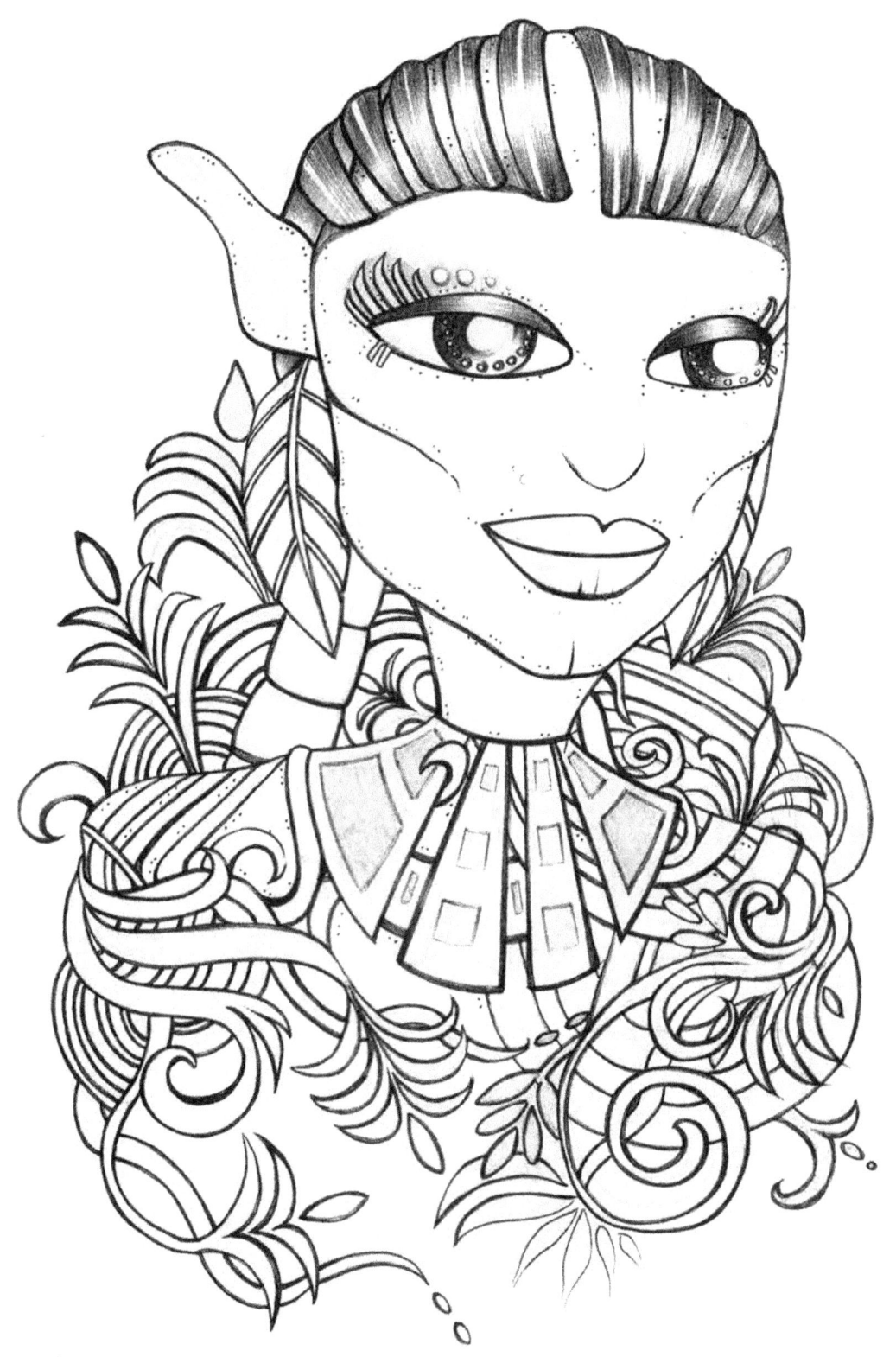

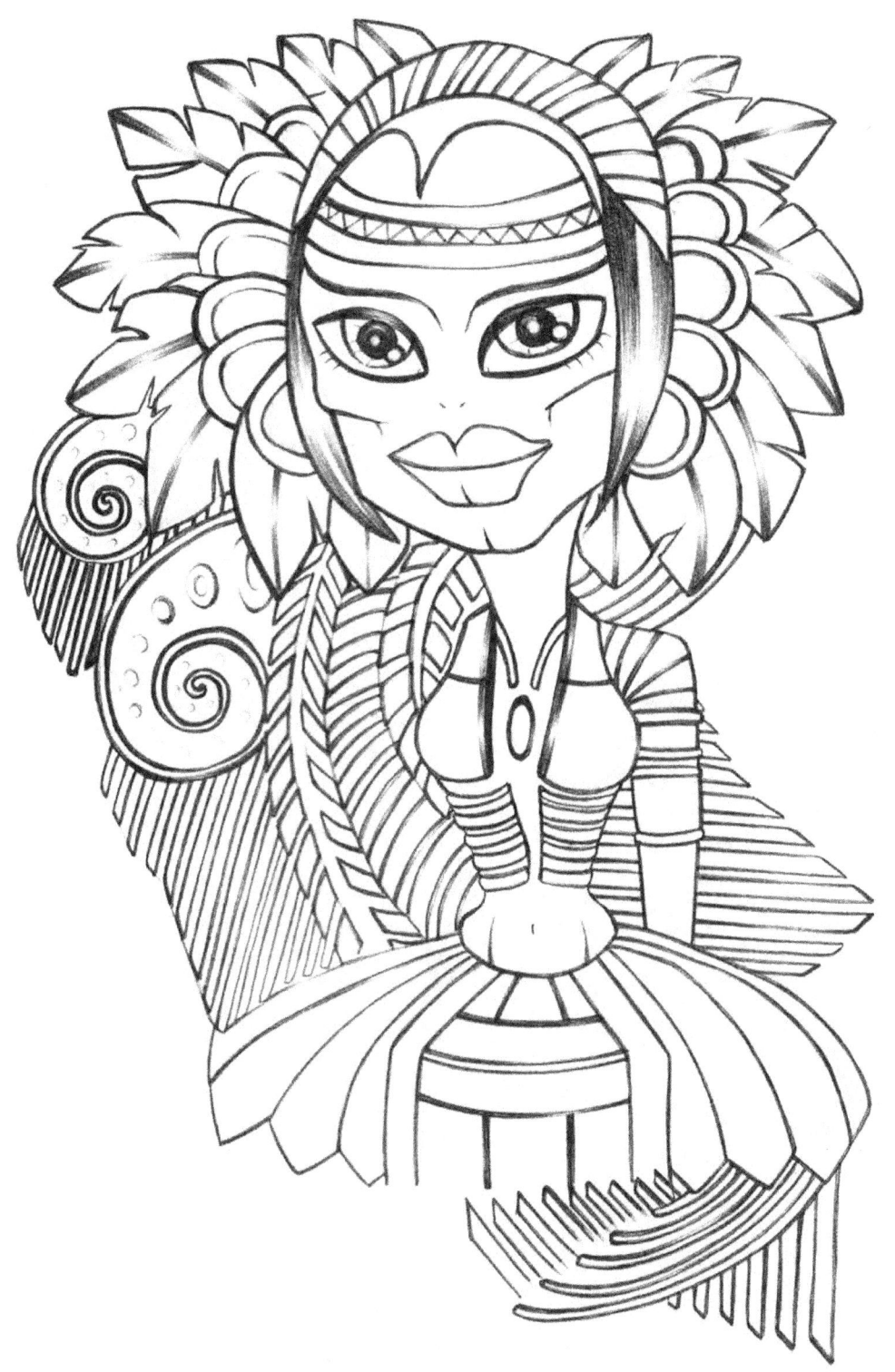

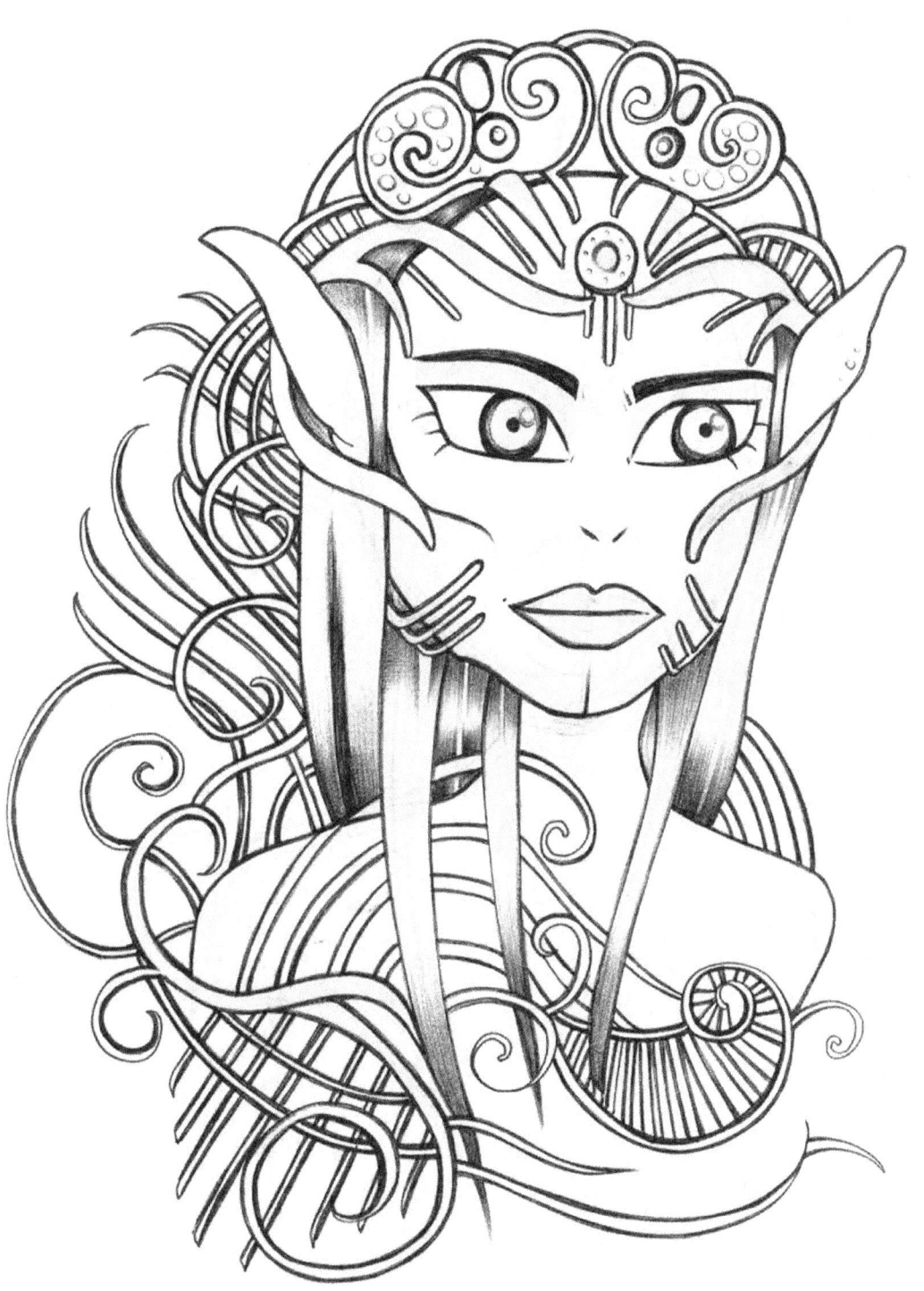

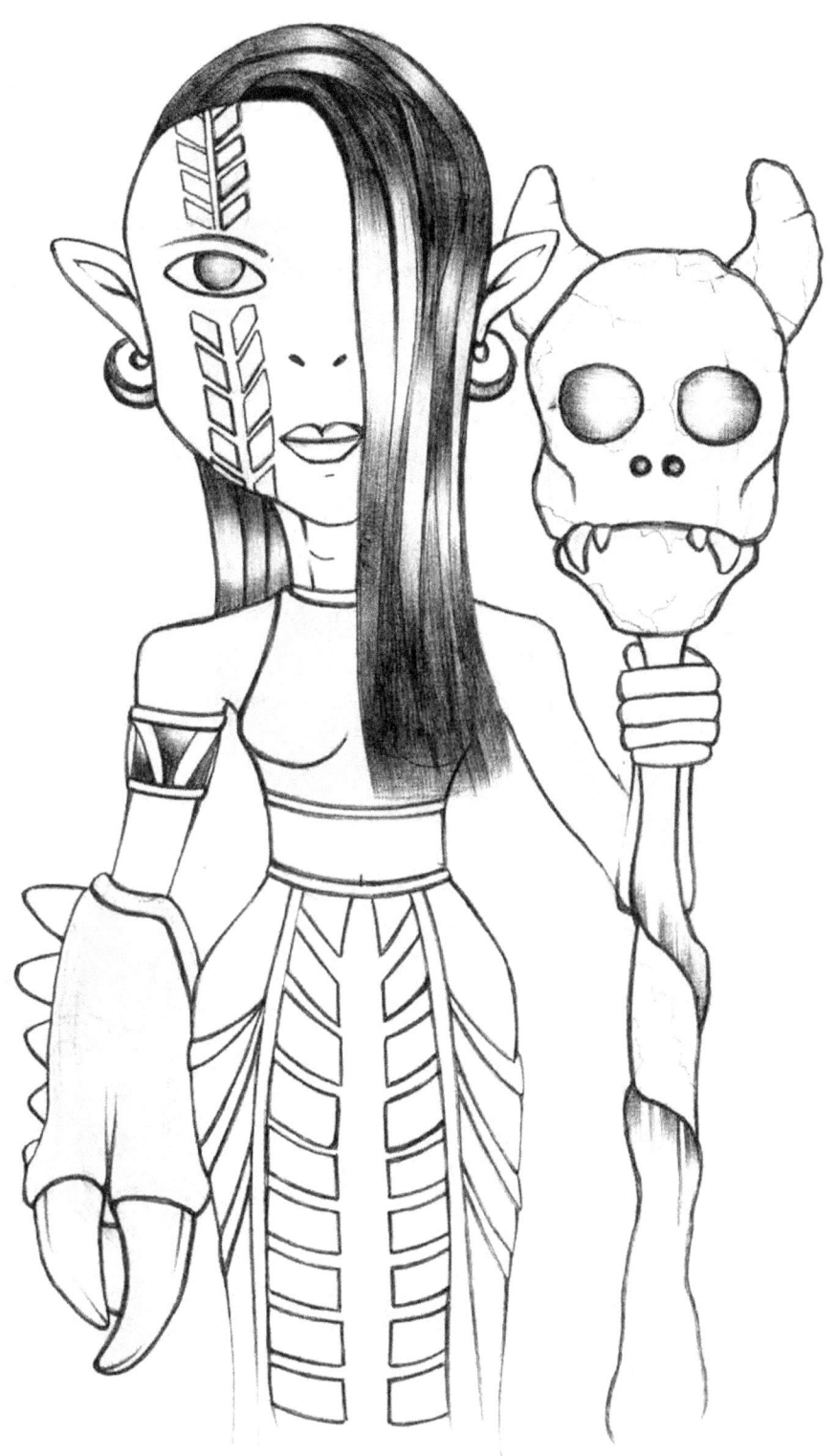

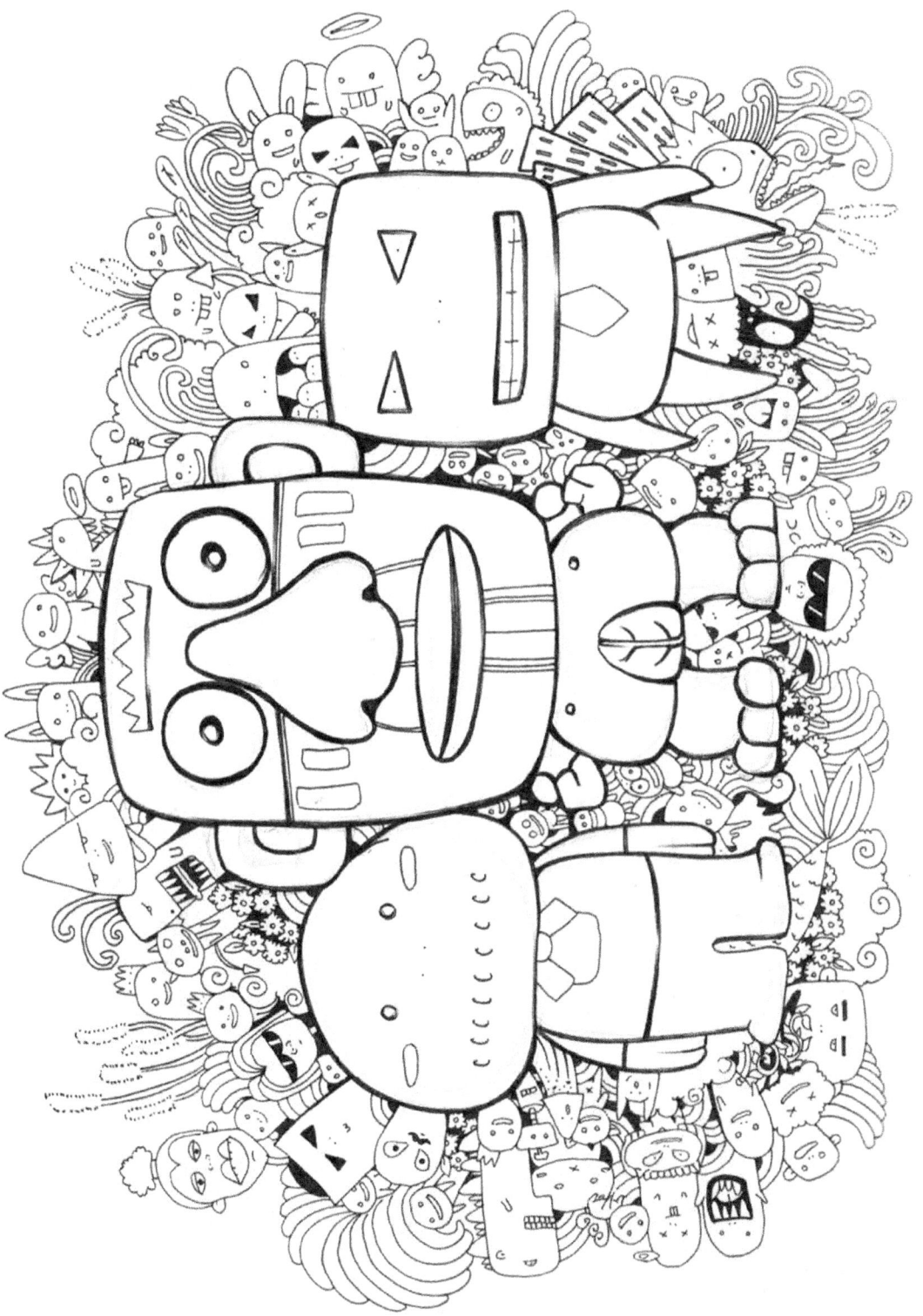

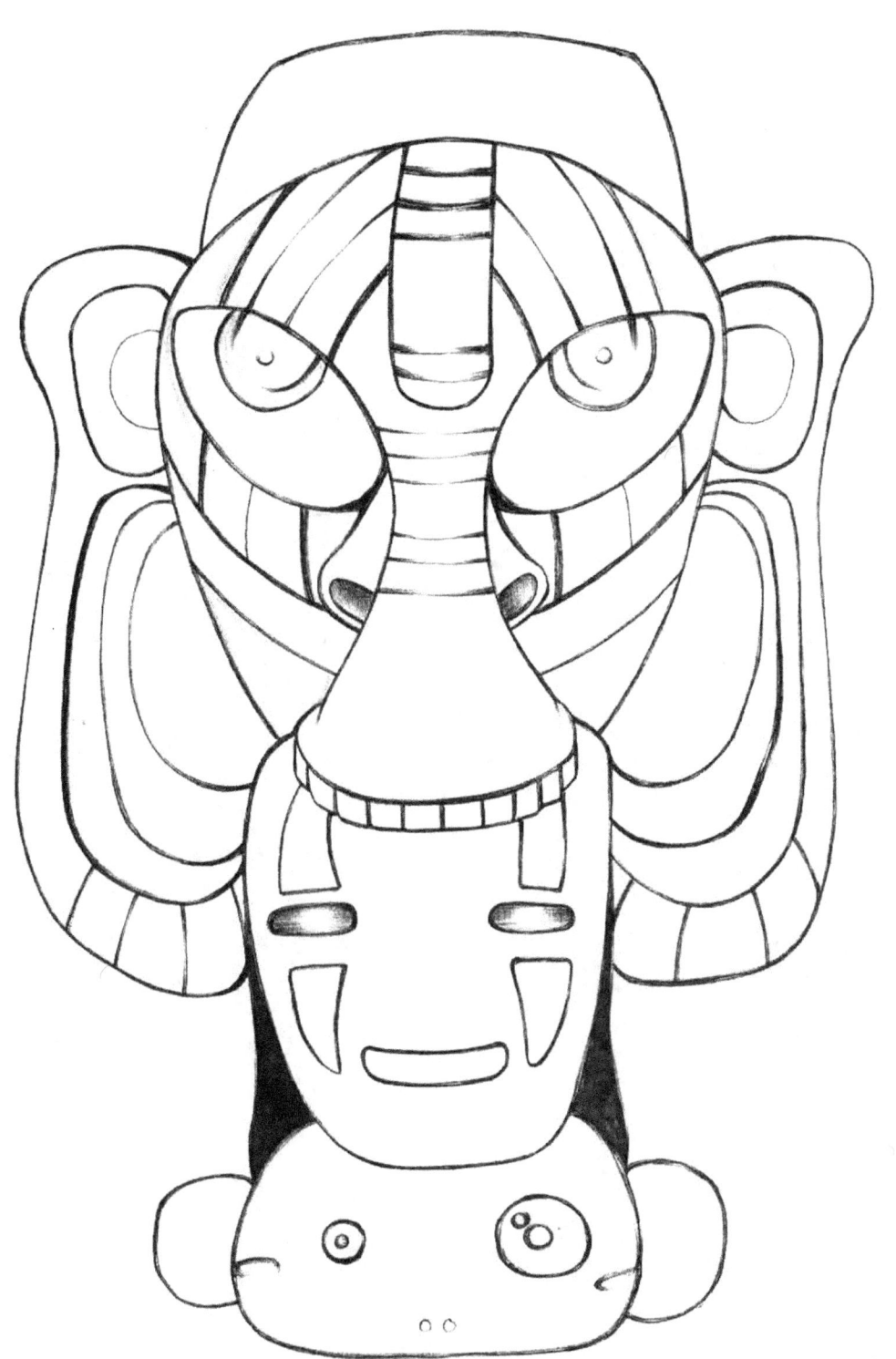

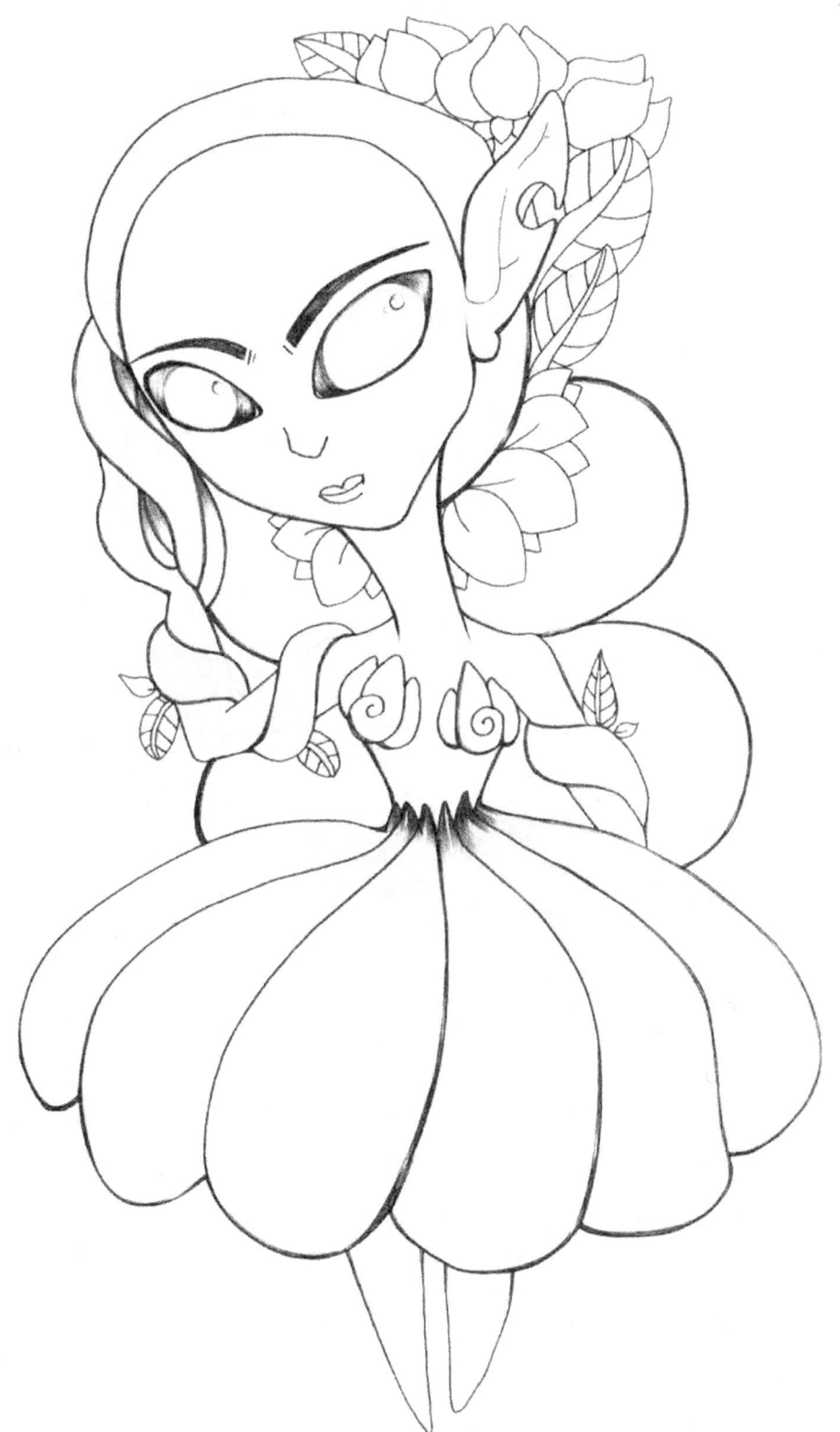

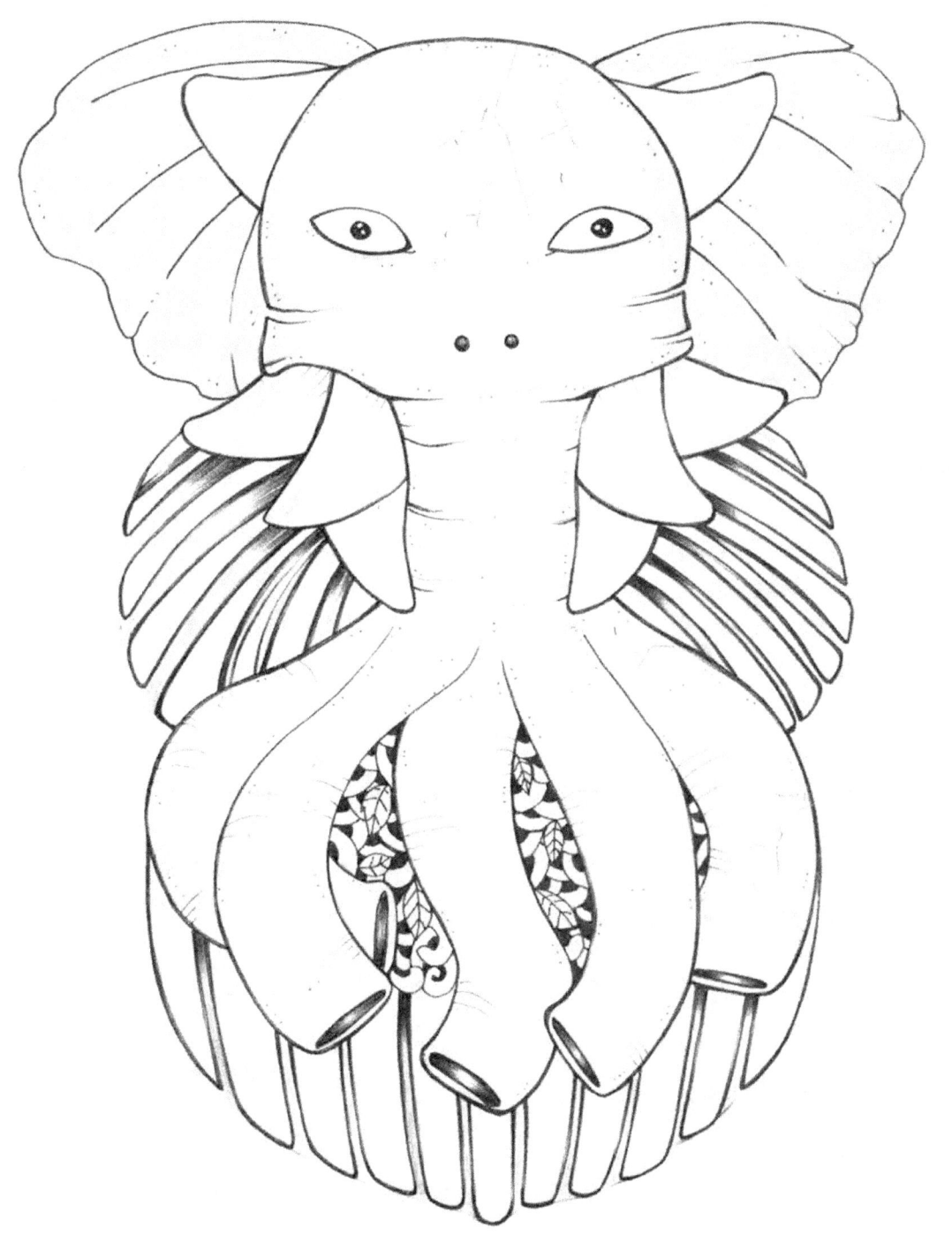

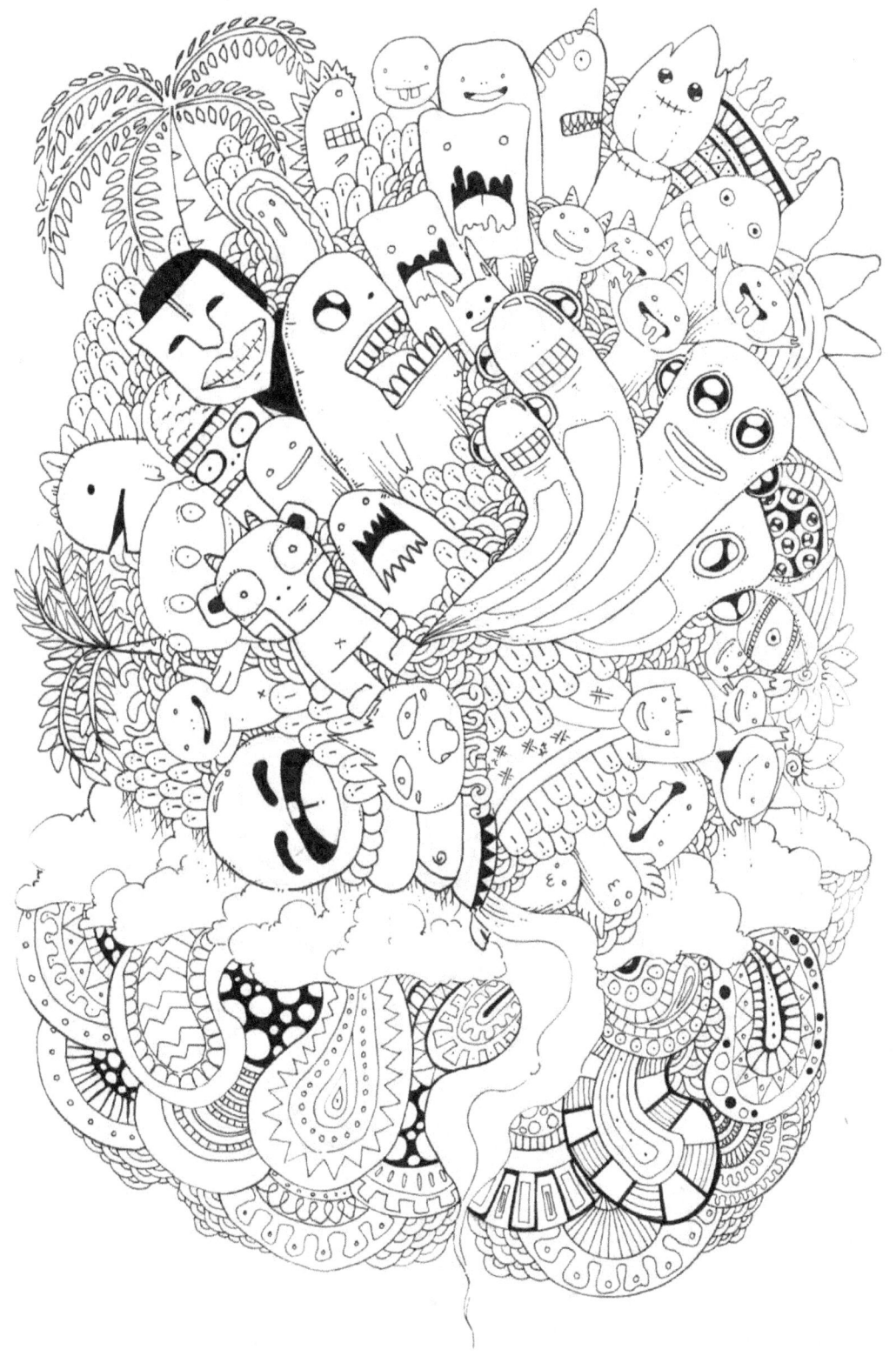

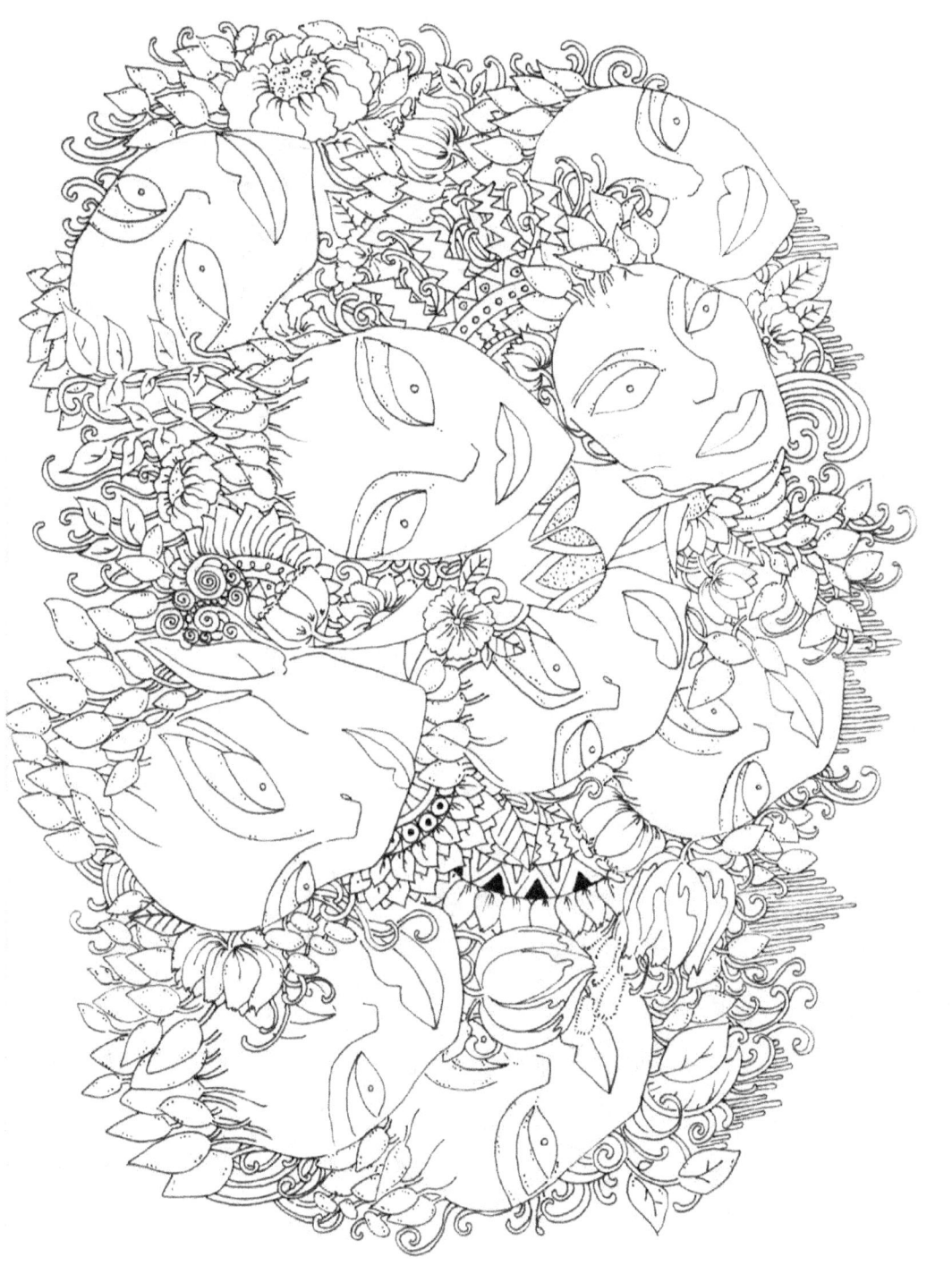

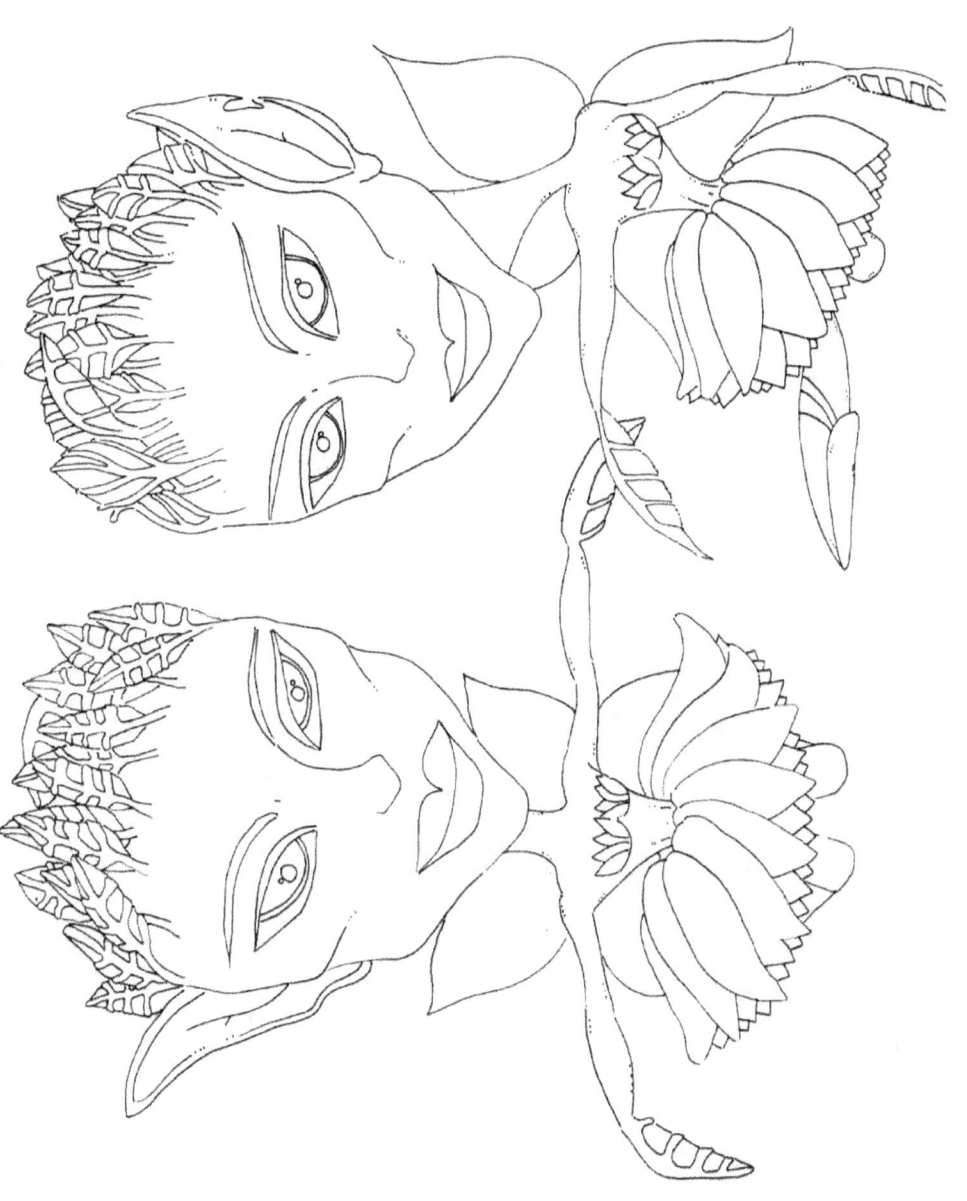

www.ingramcontent.com/pod-product-compliance
Lightning Source LLC
Chambersburg PA
CBHW050020230526
45470CB00003B/1055